清华大学探臻科技评论社 编著

下一代
创新科技

（第2辑）

Next-Generation
Innovative
Technologies

清华大学出版社
北京

版权所有，侵权必究。举报：010-62782989，beiqinquan@tup.tsinghua.edu.cn。

图书在版编目（CIP）数据

下一代创新科技. 第2辑 / 清华大学探臻科技评论社编著.
北京：清华大学出版社，2025.4.
ISBN 978-7-302-68337-7

Ⅰ. F124.3

中国国家版本馆CIP数据核字第20251Q3A14号

责任编辑：王如月
装帧设计：□文化·邱特聪
责任校对：王荣静
责任印制：刘　菲

出版发行：清华大学出版社
　　　　网　　址：https://www.tup.com.cn, https://www.wqxuetang.com
　　　　地　　址：北京清华大学学研大厦A座　　　邮　编：100084
　　　　社 总 机：010-83470000　　　　　　　　　邮　购：010-62786544
　　　　投稿与读者服务：010-62776969, c-service@tup.tsinghua.edu.cn
　　　　质量反馈：010-62772015, zhiliang@tup.tsinghua.edu.cn
印 装 者：北京博海升彩色印刷有限公司
经　　销：全国新华书店
开　　本：185mm×260mm　　　印　张：12　　　字　数：240千字
版　　次：2025年4月第1版　　　　　　　　　　　印　次：2025年4月第1次印刷
定　　价：168.00元

产品编号：106713-01

本书编委会

主任

梁君健　兰　旻

委员

欧阳礼亮　胡明远

执行主编

魏一凡　程泽堃　王智慧　刘　宇　刘　轩　姜惠雯　刘　钰

编委（按姓氏笔画排序）

王　淞　王龙鼎　车明遇　邓　佳　任　梁　李世苏　张佳悦
张琪若　陈为哲　陈永霖　陈嘉远　林念宜　林树荣　林锦坚
郑乔溪　孟奕凡　胡燕蓓　钱玫克　殷泽旭　崔玥琦　潘　彤

特别鸣谢（按姓氏笔画排序）

王　兵　陈　劲　徐杨巧

出版说明

2022年，清华大学探臻科技评论社发布"清华青年最关注的改变未来十大变革科技"榜单，并在之后发展成为"青年最关注的改变未来十大变革科技"榜单。该榜单聚焦世界科技前沿、国家重大战略和推动时代进步并引领相关行业科技变革的科技热点，由清华大学的专家学者进行评价和解读，同时将评选出的"青年最关注的改变未来十大变革科技"内容编写成书，取名为"下一代创新科技"系列。为此，清华大学探臻科技评论社专门成立了编委会，负责此书具体内容的组织和编写。

扫码了解探臻▲

"下一代创新科技"系列将为读者搭建一个全面展示重点领域科技进展的平台，展示最新研究成果，预测未来趋势，以此激发读者的创新思维，激发读者对我国科技发展持续深入关注。为了持续促进我国的科技创新，清华大学探臻科技评论社计划每年出版一本《下一代创新科技》，详细介绍当年新发布的榜单内容。

本书是"下一代创新科技"系列的第2辑，主要关注2023年度"青年最关注的改变未来十大变革科技"。

本系列出版物严格遵循下列组织和编写原则：

（1）2022年底，清华大学探臻科技评论社发布"清华青年最关注的改变未来十大变革科技"榜单，并在此基础上，自2023年起每年发布本年度"青年最关注的改变未来十大变革科技"榜单，入选的科技热点聚焦世界科技前沿、国家重大战略和推动时代进步并引领相关行业的科技变革；

（2）由清华大学探臻科技评论社成立的编委会负责具体内容的编写工作，组织专家学者对榜单内容进行解读；

（3）由清华大学出版社编辑出版成书，并以《下一代创新科技》为书名连续出版续辑。

清华大学探臻科技评论社
2024年11月

推荐序

不断探索原创性、颠覆性技术方向

2023年9月，习近平总书记在黑龙江考察调研期间首次提出要大力发展新质生产力。2024年1月31日在中共中央政治局就扎实推进高质量发展进行第十一次集体学习时，习近平总书记进一步强调"发展新质生产力是推动高质量发展的内在要求和重要着力点，必须继续做好创新这篇大文章，推动新质生产力加快发展"。该论述在2024年6月1日第11期《求是》杂志上以《发展新质生产力是推动高质量发展的内在要求和重要着力点》为题发表，文章进一步指出，加强科技创新特别是原创性、颠覆性科技创新，加快实现高水平科技自立自强。

习近平总书记对新质生产力的重要论述，为我们进一步发展新质生产力指明了方向——新质生产力的核心内涵在于以原创性、颠覆性科技创新推动现代化产业体系建设。原创性技术即是世界首次产生的技术类别，颠覆性技术则是能突破现有技术轨道而形成的具有"清零"效应的技术类别，它们都能形成强有力的新质生产力。我国未来11年的任务就是要在2035年建设世界科技强国，为此，科技创新战略必须从跟踪模仿型走向引领未来型，我们必须在系统把握现代工程技术、关键共性技术的基础上进一步探索前沿引领技术和颠覆性技术。

长期以来，原创性技术、颠覆性技术的榜单多由欧美的大学、创新型企业和科技类媒体等发表，在很大程度上主导了世界科技创新的方向。如《麻省理工科技评论》多年来一直发布年度的全球颠覆性技术榜单，从而极大地引导了世界科技创新潮流。为了进一步增加国际科技交流特别是中美科技交流，并加快提升中国科技创新的话语权，我们必须进一步加强技术预测和技术预见工作。

2022年底，清华大学探臻科技评论社发布"清华青年最关注的改变未来十大变革科技"榜单，并从2023年起每年发布"青年最关注的改变未来十大变革科技"榜单，本书《下一代创新科技》（第2辑）即是2023年的榜单结果发表，其中有改变未来十大变革科技和未来十大科技展望。完成这项重大工作的是清华大学的优秀学子。他们广查文献跟踪世界科技前沿，和团队的院士等优秀学者畅聊未来，周期性组织同学间的小组讨论，所形成的 20 个具有原创性、颠覆性特征的技术清单十分珍贵，如 2024 年的分析报告中对 6G 技术和第四代半导体材料技术的研究很有价值，这些技术清单可为我国广大科技工作者提供前瞻性借鉴，也能进一步推动以科技创新促进教育科技人才一体化的步伐。这既是青年学子积极响应习近平总书记关于大力发展新质生产力号召的实际行动，也彰显了青年学子进一步落实 2024 年全国"科技三会"、全国教育大会精神的责任担当。

展望未来，世界科技进一步呈现高速变化的趋势，而在发展过程中，正如习近平总书记指出的，"惟创新者进，惟创新者强，惟创新者胜"。衷心期待《下一代创新科技》研究工作进一步持续开展，不断鞭策中国青年学子在预见未来的过程中成为顶尖人才。

陈　劲

清华大学经济管理学院讲席教授、技术创新研究中心主任、博士生导师

2024 年 11 月 15 日于清华园

前　言

在人类文明的浩瀚长河中，科技如同一股奔腾不息的洪流，推动着时代的巨舰破浪前行。回顾往昔，从第一次科技革命蒸汽机的轰鸣到第二次科技革命电力的广泛应用，再到第三次科技革命信息技术的飞跃，每一次科技的突破都如同璀璨的星辰照亮人类前行的道路，让我们得以跨越重重的时空，步入一个个前所未有的新纪元。

而今，我们正站在一个新的技术节点上，数字科技如同不可阻挡的洪流，正以前所未有的速度和广度改变着这个世界。在这个全新的时代，高性能计算、量子计算、云计算和边缘计算犹如四大支柱，支撑着科技大厦巍峨耸立。它们之间相互融合、相互促进，催生出了全新的计算范式，让数据处理和分析的能力实现了质的飞跃。这些技术的突破，不仅为科学研究提供了前所未有的强大工具，更为我们日常生活中的每一个细节带来了智能化的变革。当我们眺望未来的科技蓝图时，一幅由连接衍生交互、由计算催生智能的壮丽画卷正徐徐展开。

人工智能，这一曾经只存在于科幻小说中的概念已经悄然融入我们的生活。从智能语音助手到自动驾驶汽车，从智能医疗到智慧教育，人工智能的触角已经遍布社会的每一个角落。而大模型的崛起，更是让人工智能的发展进入了一个全新的阶段。这些模型不仅拥有强大的推理能力和自然语言理解能力，更能够自主学习和进化，为我们探索未知世界提供了无限可能。

与此同时，机器人技术的演进也在加速推进。从简单的机械手臂到灵巧的人形机器人，从工业生产线到家庭服务领域，机器人正逐步成为我们生活和工作中的得力助手。它们不仅能够完成繁重而枯燥的任务，更有可能与人类建立起情感联系，成为我们生活中不可或缺的伙伴。

在生物科技领域，我们也迎来了前所未有的突破。从基因编辑技术的出现到mRNA疫苗的成功研发，生物科技正在以前所未有的速度改变着人类的健康状况和生活质量。这些技术的应用，不仅为我们攻克了许多长期困扰人类的疾病难题，更为我们探索生命的奥秘提供了新的视角。在太空探索领域，从载人航天到探月探火，从可回收火箭到深空探测器，人类对于宇宙的好奇心和探索欲从未停歇。这些勇敢的尝试不仅让我们更加深入地了解了宇宙的奥秘，更为我们未来的生存和发展开辟了新的道路。

当然，科技创新的道路从来都不是一帆风顺的。在追求科技进步的同时，我们也面临着诸多挑战和困境。环境污染、资源短缺、医疗难题等问题依然是摆在我们面前的严峻问题。然而，正是这些挑战和困境激发了我们对于科技创新的渴望和追求。我们有理由相信，在青年一代的共同努力下，我们一定能够找到解决这些问题的科学答案和技术方案。

"下一代创新科技"系列正是基于这样的信念和追求而持续书写着。本书作为该系列的第 2 辑，汇集了众多领域的前沿科技和创新思想，旨在通过青年人的视角去引领读者关注科技前沿、激发创新激情、推动科技发展。我们相信，通过本书的出版，能够让更多的人了解科技发展的最新动态和趋势，进而在未来的科技创新中发挥自己的才华和潜力。在这个时代里，我们将以科技为笔、以智慧为墨，携手并进、共同努力，书写一个属于科技创新的新时代！

目录 Contents

上篇　十大变革科技

第 1 章
03　超快激光加工技术：微纳制造领域的精密革命

第 2 章
13　电磁绘匠：智能超表面，绘制 6G 通信的绚丽图景

第 3 章
25　四代半导体材料：引领电子革命的超宽禁带先锋

第 4 章
35　动力电池回收：绿色能源循环的启航，赋予退役电池新生的力量

第 5 章
45　超导探秘：揭秘低温世界的神奇力量，科技盛宴中的零电阻奇迹

第 6 章
59　类脑计算：构建"人造超级大脑"

第 7 章
71　类器官 / 器官芯片：生命的微观舞台，引领生物医药革新

第 8 章
79　细绘组织工程的再生华章：生物 3D 打印堪称生命的织匠

第 9 章
89　生物质能碳捕集与封存技术：减缓气候变化的负排放

第 10 章
99　通用智能世界的星星之火：大语言模型带来智能时代曙光

下篇　未来领域科技展望

第 11 章
111　湿气发电技术：实现高效、绿色的清洁能源收集

第 12 章
119　钙钛矿太阳能电池技术：光伏电池新势力

第 13 章
125　光/电催化绿氢制备技术：用掺杂剂精准调控异质结构的内电场

第 14 章
131　靶向蛋白质稳定技术：从蛋白保卫战到小分子药物最前线

第 15 章
139　下一代工业生物技术：以细菌为工厂，实现绿色生产

第 16 章
145　柔性脑机接口：活体融合电子，脑机探索未来

第 17 章
151　空间碎片的预防与清除技术：处理头顶上的垃圾场

第 18 章
157　混合现实技术：触摸现实世界的虚拟质感

第 19 章
163　隐私计算技术：互联网司法科技的应用场景与行业发展

第 20 章
171　智慧司法技术：司法视角下的大模型评测体系

第 1 章	超快激光加工技术：微纳制造领域的精密革命	03
第 2 章	电磁绘匠：智能超表面，绘制 6G 通信的绚丽图景	13
第 3 章	四代半导体材料：引领电子革命的超宽禁带先锋	25
第 4 章	动力电池回收：绿色能源循环的启航，赋予退役电池新生的力量	35
第 5 章	超导探秘：揭秘低温世界的神奇力量，科技盛宴中的零电阻奇迹	45
第 6 章	类脑计算：构建"人造超级大脑"	59
第 7 章	类器官 / 器官芯片：生命的微观舞台，引领生物医药革新	71
第 8 章	细绘组织工程的再生华章：生物 3D 打印堪称生命的织匠	79
第 9 章	生物质能碳捕集与封存技术：减缓气候变化的负排放	89
第 10 章	通用智能世界的星星之火：大语言模型带来智能时代曙光	99

下 一 代
创新科技

Next-Generation
Innovative Technologies

上 篇

十大变革科技
Top Ten Transformative Technologies

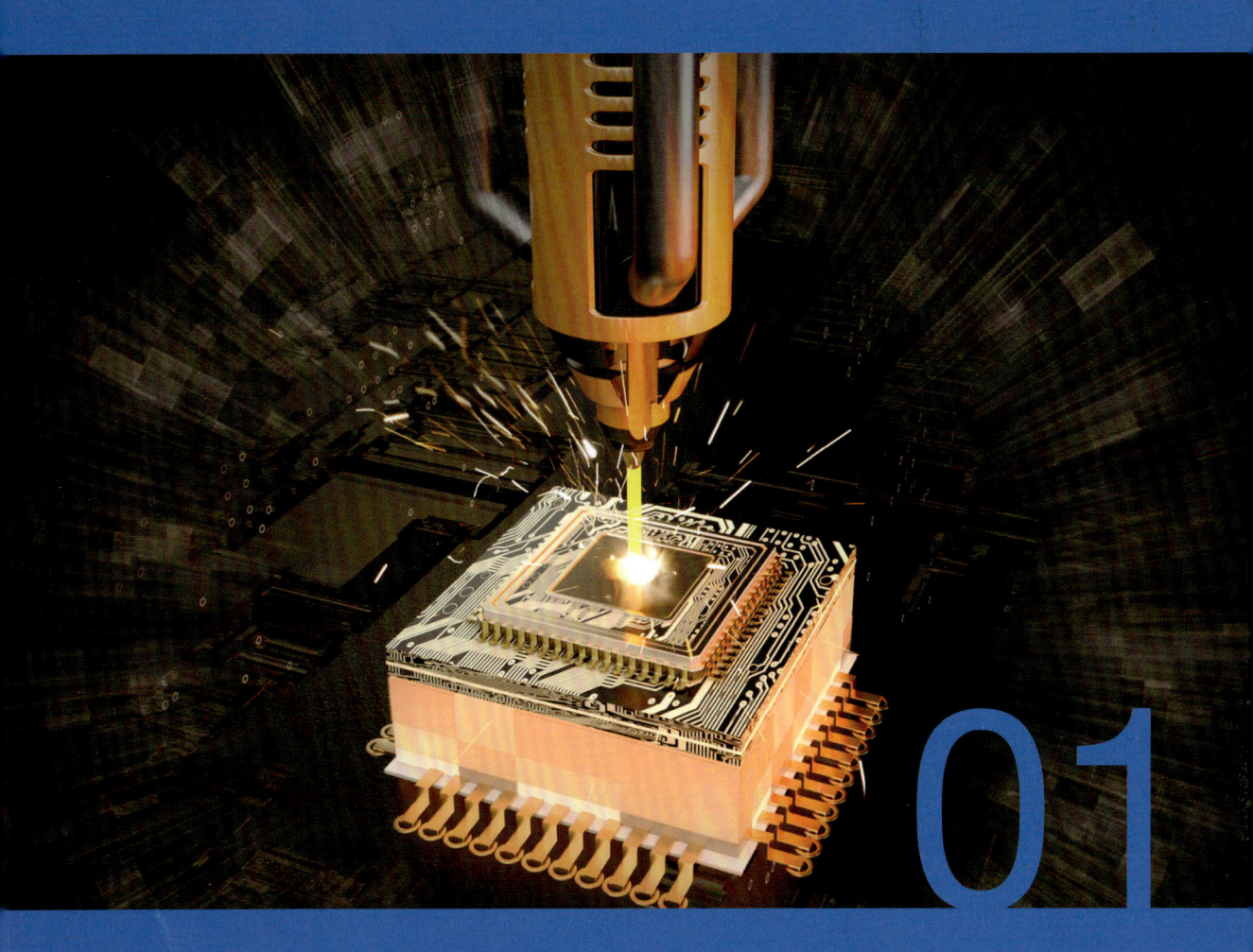

第 1 章

超快激光加工技术：
微纳制造领域的精密革命

激光制造是当前全球制造业的前沿和热点之一，以激光为工具对材料改性、去除和成形，如激光切割、焊接、打孔、3D 打印等，广泛应用于制造的各个领域。超快激光的出现则开辟了激光精密制造的新途径，超快激光具有极大的瞬态功率和超短的作用时间，与物质作用往往形成强烈的非线性效应，可以实现金属、半导体、陶瓷、玻璃等多种材料的高分辨率、无损伤、超精密加工，为器件微型化、集成化提供关键技术支撑。

1.1 超快激光发展历程

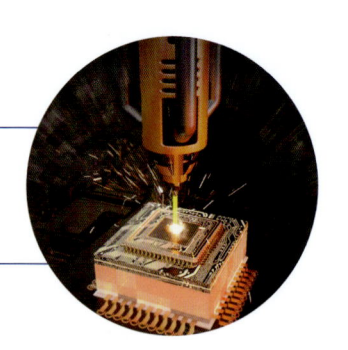

1960
第一台激光器诞生

美国物理学家西奥多·哈罗德·梅曼（Theodore Harold Maiman）制造出了第一台激光器，这种激光器由宝石晶体制成，输出第一束波长为694纳米的红色激光。1960年8月，梅曼在 Nature 上发表了题为《红宝石的光散射作用》的论文。由于在激光上的贡献，梅曼获得过多个奖项，1984年入选"美国发明家名人堂"。

1961
纳秒短脉冲激光器出现

在红宝石激光器上通过调Q技术首次实现了脉冲宽度仅为几十纳秒的短脉冲激光输出，最短脉冲脉宽为10纳秒。调Q技术由于受到激光器腔长的限制（$2L/c$，L为激光器谐振腔长度，c是光速），脉冲宽度只能达到纳秒量级。

1962
第一台半导体激光器产生

美国贝尔实验室的霍耳（R. N. Hall）等人率先研制出砷化镓半导体激光器，这是世界上第一台半导体激光器。次年，苏联也成功研制出半导体激光器。

1964
实现主动锁模纳秒级激光脉冲输出

基于相位锁定技术的进一步发展，激光器各自独立振荡的多纵模可以被调整成时间有序的纵模。通过锁模技术首次在氦氖激光器上实现了主动锁模的纳秒激光脉冲输出。

1970
实现室温连续半导体激光输出

导体激光器实现室温下连续激发，为半导体激光器在光盘存储领域的广泛应用奠定了基础。

1975
提出激光冷却概念

科学家将可饱和染料吸收体运用在宽带可调染料激光介质体系中，首次实现了亚皮秒的超短激光脉冲输出。

1976
实现亚皮秒超短激光脉冲输出

汉斯（T. W. Hänsch）和肖洛（A. L. Schawlow）提出激光冷却的想法。激光冷却是利用激光和原子的相互作用减速原子运动以获得超低温原子的高新技术。

1981
"超快激光"概念被广泛使用

碰撞脉冲锁模（CPM）技术的发明带来了飞秒激光的研究热潮。通过腔外压缩技术相继获得了8飞秒和6飞秒的最短脉冲世界纪录，将激光脉冲推进到了前所未有的飞秒时代。"超快激光"逐步代替了"超短脉冲激光"这一传统术语。

1985
高峰值功率激光放大系统日趋成熟

1985年，法国巴黎综合理工学院的杰拉德·穆鲁（Gérard Mourou）和加拿大滑铁卢大学的唐纳·史翠克兰德（Donna Strickland）等科学家发明了啁啾脉冲放大（CPA）技术，即由锁模激光振荡器产生的种子脉冲首先经过展宽器进行展宽，将其脉冲宽度增大、峰值功率降低。展宽后的脉冲进入放大器进行放大。由于此时峰值功率已经降低，可以在不破坏系统元件的情况下提取更多能量。放大后的脉冲经过压缩器进行压缩，将脉冲宽度恢复至展宽前。由于获得了更多能量，峰值功率可以提高几个数量级。在CPA技术的推动下，高峰值功率激光放大系统日趋成熟，所产生的聚焦功率密度最高达到10^{22} W/cm²，进入了相对论光强领域。

1990
苏联成功研制出高功率半导体激光器

苏联成功研制出高功率半导体激光器，开始了激光大气通信系统技术的实用化研究。不久后便相继推出了10 km以内的半导体激光大气通信系统并在莫斯科、瓦洛涅什、图拉等城市得以应用。

1990s
自锁模技术助力超快激光发展

随着掺钛蓝宝石（钛宝石）晶体越来越多地用于激光增益介质，自锁模（克尔透镜锁模，KLM）可以持续运行，不仅大大简化了复杂的锁模激光结构，而且输出功率也大大超过染料飞秒激光，结合CPA技术，在约十年的时间里峰值功率从最初约吉瓦（GW）提高到了1.5拍瓦（PW）的水平，同时太瓦（TW）级的桌面钛宝石激光也成为许多大学实验室广泛使用的标准产品，创造了超快激光的超强时代。

2001
开启超快激光的阿秒时代

奥地利的费伦茨·克劳斯（Ferenc Krausz）

研究团队等基于少周期飞秒钛宝石激光与惰性气体相互作用产生的高次谐波及振幅选通与测量技术，首次实现了单个阿秒脉冲的测量，得到了650阿秒激光，开启了超快激光的阿秒时代，成为激光历史上具有里程碑意义的重要进展。

2000s
成功研发高能量密度激光器

随着超快激光技术的不断发展和完善，该技术得到了广泛的应用并逐渐成熟。这个阶段的主要成果是实现了从低功率到高功率的跨越，以及光束质量的显著提高。在这个阶段，超快激光器在各个领域得到了广泛应用和认可，如工业制造、医疗、科研等领域。

随着高能量密度激光器的研发成功，超快激光技术实现了从传统光纤激光器到高能量密度激光器的跨越。这为超快激光技术的进一步发展提供了新的可能性。

2018
激光物理领域开创性的发明

2018年度的诺贝尔物理学奖授予"激光物理领域开创性的发明"，其中一半奖金授予美国贝尔实验室的阿瑟·阿什金（Arthur Ashkin），表彰他在"光镊及其在生物系统中的应用"领域所做的开创性工作；另一半奖金由法国巴黎综合理工学院的Gérard Mourou和加拿大滑铁卢大学的Donna Strickland共同分享，以表彰他们在"产生高强度、超短光脉冲方法"方面的工作。其中，唐纳·史翠克兰德也成为了自1901年至今100多年来，第三位获得诺贝尔物理学奖的女性科学家。他们提出的啁啾脉冲放大（Chirped Pulse Amplification，CPA）技术为产生超短超强光脉冲提供了一种全新高效方法。

2023
阿秒光脉冲相关实验方法

2023年诺贝尔物理学奖被联合授予阿戈斯蒂尼（Pierre Agostini）、克劳斯（Ferenc Krausz）和吕利耶（Anne L'Huillier），以表彰他们创造了产生阿秒光脉冲的实验方法用来研究原子、分子和物质中的电子动力学。瓦里拉斯（Rocio Borrego Varillas）、卢基尼（Matteo Lucchini）和尼索利（Mauro Nisoli）发表了一篇全面的综述文章，描述了获奖者的研究对他们工作的促进作用：在利用强大的激光效应将探测时间范围放到阿秒尺度时，他们可以看到电子在原子、分子和物质的凝聚相中的移动过程。2023年的诺贝尔物理学奖打开了海森堡无法想象的窗口，可以探索以前无法观察到的现象。

1.2 超快激光制备微纳二级功能化表面

自然界的奇观如出淤泥而不染的荷叶、雨后飞行的蜻蜓翅膀以及人类眼睛角膜，它们表面的独特微纳结构赋予其超疏水、超亲水以及优异的生物兼容性等非凡特性。探索如何通过制备出类似的微纳米结构，以实现模仿甚至超越自然界的功能，成为材料科学和制造技术领域的一项关键挑战。超快激光加工技术作为一种灵活、高效、高精度的制备手段，在微纳结构的制备与调控中展现出诸多独特的优势。大量的研究者深入开展了超快激光在微米与纳米尺度结构制备领域的拓展研究，并针对仿生微纳结构的功能化进行了系统探索，创新性地发展了一系列超快激光微纳结构制备技术及精确调控新策略，为超疏水、高抗反射、高灵敏度以及生物医学检测等领域开创了前所未有的应用前景。

1.2.1 引　　言

纳米尺度的材料因其独特的物理化学性质，如显著的尺寸依赖效应、增强的表面活性以及量子尺寸效应，被广泛认为是推动技术创新的关键材料。在众多纳米材料中，表面微纳米功能结构材料因其表面的微观凸起或凹陷结构而备受关注[1, 2]。这些结构的精细调控使材料展现出一系列独特的物理化学性能，包括但不限于超疏水性、自清洁功能以及卓越的光学吸收特性。受到生物界中广泛存在的微纳米结构的启发，科研人员正在研究如何借鉴自然界的策略，以开发具有仿生特征的微纳米功能结构。此类研究不仅为微电子工程、生物检测技术以及太阳能转换系统等领域提供了创新的解决方案，而且开辟了纳米材料应用的新领域，有望推动相关行业的技术进步。

超短脉冲激光，其脉冲持续时间介于数十飞秒至数十皮秒之间，以其极高的峰值功率密度、短暂的脉冲周期等特性，成为微纳米尺度加工领域的理想工具。在清华大学材料学院激光材料加工研究中心，经过十余年的深入研究，科研团队成功开发了多种超快激光微纳米结构制备技术，涵盖纳米波纹、纳米颗粒、纳米菜花状等多种复杂结构。这些通过超快激光技术制备的微纳米结构在多个领域展现了其创新性的应用潜力，包括但不限于超疏水表面的宏量制备、超疏水-超亲水表面的图案化构造、水分解制氢及制氧用微纳米电极等方面。这些研究成果不仅为科学探索提供了坚实的理论和技术基础，也为实际应用开发了多项创新技术，极大地推动了超快激光在纳米与微米结构制备领域的技术进步。

1.2.2 超快激光调控微纳结构表面润湿性

1.2.2.1 超快激光制备高 Cassie 稳定性超疏水表面与抗结冰性能

特殊浸润性表面，如超亲水性、超疏水性、

超双疏性以及超滑性表面，其独特的润湿行为是通过精心设计的微纳结构来实现的。在这些表面性质的精确调控方面，超快激光技术已经证实是一种在毫米、微米乃至纳米尺度上实现高度控制的先进手段。该技术能够在微观层面上精细调整表面形态，从而赋予材料所需的浸润性特征，为表面工程领域提供了新的研究方向和技术途径。

清华大学钟敏霖教授领导的研究团队通过结合超快激光加工与热氧化技术，成功开发了一种具有三级微纳结构的超疏水表面，该表面的微观构造由微米级的柱状阵列、纳米级的草状结构以及微米级的花状结构组成。所以命名为MNGF（microcone, nanograsses, microflowers）表面。MNGF表面展现出极高的Cassie状态超疏水稳定性，其Cassie-Wenzel转变的临界拉普拉斯压力达到了1450 Pa。同时，该表面的防结冰性能同样显著，表现为液滴的迅速滚落、优异的低温耐湿性以及非均匀形核的显著延迟。在低温环境下，微纳结构中的稳定气囊增加了液体与固体表面之间的热阻抗，有效减缓了结冰过程。此外，MNGF表面的疏冰性能亦十分突出，其冰粘附强度低至1.7 kPa，这在已知超疏水表面中属于最低的冰粘附强度之一。

1.2.2.2 超亲水 / 超疏水叶脉状图案化高效集水表面

在水资源日益紧张的背景下，科研工作者深入探究了自然界中的水收集机制。生物如甲壳虫和仙人掌展示的高效水收集策略，为开发新型集水表面的设计提供了有益的启示。研究团队借助超快激光技术，设计并实现了一种具有超亲水和超疏水特性的叶脉网络结构（图1-1），该结构融合了甲壳虫的亲疏水性特征和仙人掌的不对称结构特点[3]。紫荆花叶片的网状叶脉结构，作为一种典型的被子植物叶脉系统，包含多级叶脉结构。其中，一、二级叶脉构成主叶脉，呈枝状分布，其主要功能是将光合作用的产物输送到叶片其他需要养分的部位；而三、四级叶脉作为次级叶脉，从主叶脉周围延伸形成网络，负责收集叶片光合作用的多余产物。超亲/超疏叶脉网络集水系统借鉴了被子植物叶脉网络的工作原理，采用甲壳虫式的亲/疏水结构模拟三、四级叶脉，以实现水分的收集。同时，利用仙人掌式的不对称结构模

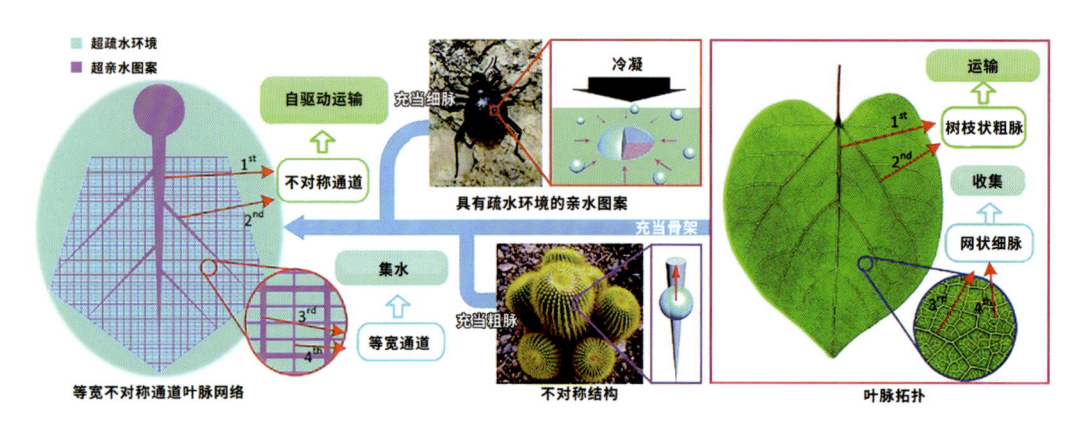

图1-1 超亲/超疏叶脉网络高效集水方案

拟一、二级叶脉，负责将三、四级叶脉收集的水分定向输送。这种四级叶脉结构的相互协作，能够将系统收集到的水分有效地传输至叶脉系统的根部。

1.2.3 超快激光制备高抗反射金属微纳表面

1.2.3.1 超快激光分级调控微纳复合结构以及高抗反射金属表面

传统的金属表面吸收的增强通常依赖于表面等离激元的激发和局域等离激元共振的生成，然而这种方法的吸收光谱范围存在一定的局限性。为了突破这一限制，研究人员提出了一种新型的超快激光直写技术，该技术通过结合多次快速扫描和单次慢扫描两种不同的加工策略，实现了对金属表面微米及纳米结构的分级精确调控。在超快激光直写过程中，高能量的激光束通过烧蚀作用、等离子体生成以及纳米颗粒的沉积等复杂物理过程，对金属表面进行精细加工。多次快速扫描策略形成了有序的微米锥阵列结构，而单次慢扫描则导致了纳米颗粒的密集沉积。这种复合加工方法结合了两种扫描模式的优势，既控制了微米颗粒的形态和尺寸，也同步调节了表面纳米颗粒的尺寸和数量[4]。

采用这种超快激光分级调控技术，所制备的金属表面呈现出有序的微米锥阵列和富含纳米颗粒的微纳复合结构。与传统的表面结构相比，这种新型表面的抗反射性能得到了显著提高。实验测试数据表明，通过这种技术制备的铜（Cu）、钛（Ti）和钨（W）等金属表面，在紫外至近红外宽波段范围内的最小反射率分别低至1.4%、0.29%和2.5%，展现了卓越的光吸收性能。

1.2.3.2 菜花状微纳结构表面及高效光热转化效率

在追求太阳能高效吸收与光热转换效率的过程中，超快激光直写技术开辟了一种新颖的制备途径。研究者利用该技术在铜质基底上成功制备了具有菜花状微纳米分级特征的表面结构[4]。该结构不仅在视觉上呈现出独特的深黑色外观，而且在微观尺度上展现了复杂的多级形态，从有序的微米锥到菜花状的层次结构（图1-2），共同构成了卓越的抗反射特性。与市售的蓝色薄膜相比，这种菜花状的微纳米结构在整个光谱范围内展现了卓越的抗反射性能，其吸光效率高达98%左右。更为显著的是，随着入射角度的增大，该结构的抗反射优势愈发突出，在所有测试的入射角度下均保持了较低的反射率，证实了其全角度高抗反射的特性。

为了评估其在实际应用中的表现，将该菜花状结构应用于水蒸发实验。实验数据表明，与其他表面结构相比，菜花状结构在光热转换效率上表现卓越，达到了约62%。这表明该结构不仅能够高效吸收光能，还能有效地将其转换为热能，并迅速传递至周围介质。

1.2.4 超快激光制备纳米结构用于电催化

超快激光直写技术制备的菜花状微纳米结构表面，以其优异的抗反射性能和高效的光热转换效率，为太阳能利用和光热转换领域贡献了一种创新且实用的技术方案。

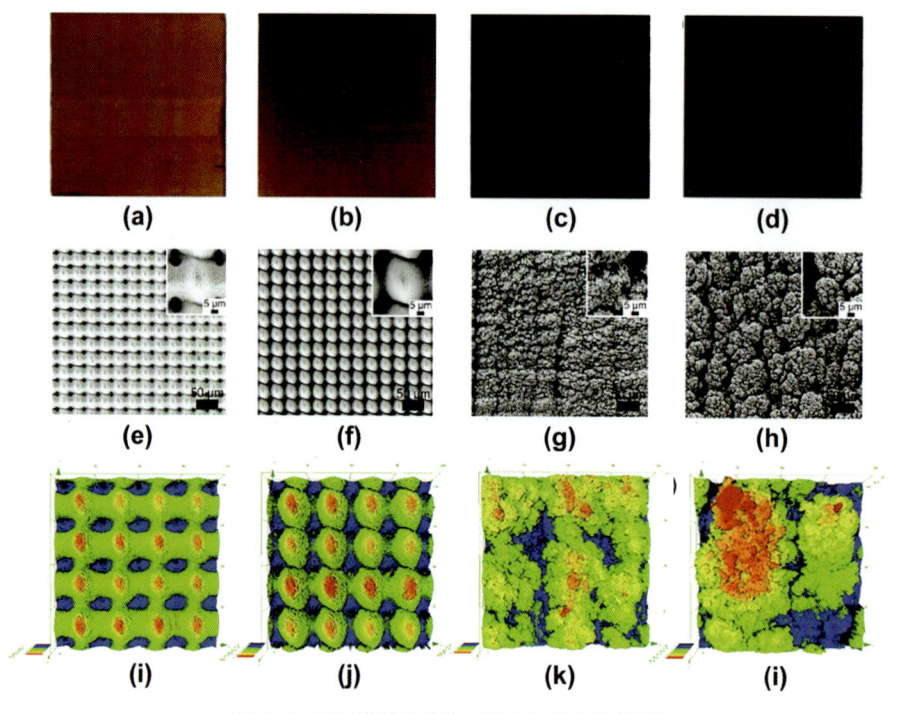

图 1-2 不同微纳米结构表面的宏观和微观形貌

(a)~(d) 光学照片；(e)~(h)SEM 照片；(i)~(l) 激光共聚焦 3D 图像；(a)、(e)、(i) 结构 1；(b)、(f)、(j) 结构 2；(c)、(g)、(k) 结构 3；(d)、(h)、(l) 结构 4，菜花状微纳米分级结构

1.2.4.1 纳米颗粒结构的激光制备与 OER 性能

为了提升电解水制氢技术的效率，研究团队利用超快激光直写技术成功合成了一种镍掺杂的 Fe_3O_4 纳米粒子团簇（Ni-Fe-O 团簇）。该团簇结构独特，呈现多孔特性，由相互连接的纳米颗粒构成，其平均粒径约为 5 纳米。在激光辐射的作用下，材料经历了熔化与再沉积过程，从而形成了这种高度无序的镍掺杂 Fe_3O_4 纳米粒子团簇。Ni-Fe-O 团簇在析氧催化反应中展现了显著的活性，特点为较低的 Tafel 斜率（39.4 mV/dec）和优良的操作稳定性，在连续运行 18 小时后，其催化活性未见明显衰减。在电流密度达到 10 mA/cm² 的条件下，该结构能够实现 272 mV 的过电压。由此，超快激光技术制备的 Ni-Fe-O 团簇结构为电解水过程中的析氧反应提供了一种高效且持久的催化剂。

1.2.4.2 三维多级微纳结构的激光调控与 HER 性能

通过飞秒激光烧蚀技术处理金属钨（W），研究者成功制备了有序的、周期性约为 50 微米的微米锥阵列结构。在此结构基础上，进一步构筑了分层的三维自支撑 WO_3 微纳结构。经过低温硫化处理，该结构转变为 WS_2 纳米复合物，其在析氢催化反应中展现了显著的活性。

该分层三维自支撑 WO_3 微纳结构经过低温硫化过程形成的 WS_2 纳米复合物，在催化析氢方面表现出卓越的性能，其特点是较低的过电压（119 mV）。这种多尺度 WS$_2$ 纳米复合物不仅实现了高效的氢气生成，同时保持了出色的性能稳定性。该研究为超快激光技术制备的微纳结构在水分解催化应用领域提供了关键的实验依据。

1.2.5 结　语

在材料科学的研究前沿，纳米结构材料与超快激光技术已成为两大关键研究领域。超快激光技术以其皮秒、飞秒乃至阿秒级的脉冲宽度，为观测极端快速过程和材料精细加工提供了独特的能力。该技术广泛应用于金属、非金属以及高分子等多种材料的形状塑造和性质调控[5-9]。在近年的研究中，科研人员在利用超快激光制备表面微纳米结构及其功能化方面取得了显著成就，开发了多种制备技术，涵盖超疏水表面、抗结冰表面、低反射率金属表面以及高灵敏度的表面增强拉曼散射（SERS）基底等方面。这些研究成果为未来的科学探索和工业应用奠定了坚实的基础。

尽管如此，目前超快激光技术在材料加工领域仍面临一些挑战，包括衍射极限的限制、多维复杂微纳结构制备以及大面积高效制造等问题。随着这些挑战的解决，超快激光技术在材料加工领域的应用范围将进一步扩大，并为其带来更广阔的发展机遇。

王立众

参考文献

[1] Bae W G, Kim H N, Kim D, et al. 25th anniversary article scalable multiscale patterned structures inspired by nature the role of hierarchy[J]. *Advanced Materials*, 2014, 26(5): 675-700.

[2] Dorrer C, Rühe J. Some thoughts on superhydrophobic wetting[J]. *Soft Matter*, 2009, 5 (1): 51-61.

[3] Liu W J, Fan P X, Cai M Y, et al. An integrative bioinspired venation network with ultra-contrasting wettability for large-scale strongly self-driven and efficient water collection[J]. *Nanoscale*, 2019, 11(18): 8940-8949.

[4] Fan P X, Wu H, Zhong M L, et al. Large-scale cauliflower-shaped hierarchical copper nanostructures for efficient photothermal con version[J]. *Nanoscale*, 2016, 8(30): 14617-14624.

[5] Wang F, Xiao S B, Zhuo Y Z, et al. Liquid layer generators for excellent icephobicity at extremely low temperatures[J]. *Materials Horizons*, 2019, 6(10): 2063-2072.

[6] Jin M M, Shen Y Z, Luo X Y, et al. A combination structure of microblock and nanohair fabricated by chemical etching for excellent water repellency and icephobicity[J]. *Applied Surface Science*, 2018, 455: 883-890.

[7] Parker A R, Lawrence C R. Water capture by a Desert beetle[J]. *Nature*, 2001, 414(6859): 33-34.

[8] Bai H, Wang L, Ju J, et al. Efficient water collection on integrative bioinspired surfaces with star-shaped wettability patterns[J]. *Advanced Materials*, 2014, 26(29): 5025-5030.

[9] Lee A, Moon M W, Lim H et al. Water harvest via dewing[J]. *Langmuir*, 2012, 28(27): 10183-10191.

第 2 章

电磁绘匠：智能超表面，绘制 6G 通信的绚丽图景

面向未来，人类社会正进入智能化时代，从移动互联，到万物互联，再到万物智联，6G 将实现从服务于人、人与物、到支撑智能体高效联接的跃迁，致力于通信与感知、计算、控制的深度耦合，成为服务生活、赋能生产、绿色发展的基本要素，实现空天地一体化的全球无缝覆盖，构建人机物智慧互联、智能体高效互通的新型网络，在大幅提升网络能力的基础上，6G 将具备智慧内生、多维感知、数字孪生、安全内生等新功能。

2.1 第六代移动通信技术发展历程

古代
原始态的二进制通信

通信，指人与人或人与自然之间通过某种行为或媒介进行的信息交流与传递，是人类为了有效交流信息而发明的一种手段。在古代，为了实现在战争期间远距离传递信息，人们巧妙地利用烽火狼烟方式传递信号。通过观测狼烟的有无，远方的人们可以判断边境有无战争发生。随着狼烟在烽火台间的逐级传递，战争的信号可以从边境传递到京城。然而，这种原始的方式也存在着信息传递不准确、速度慢等问题。

1837
摩斯电码和有线电报的发明

1837年，美国人摩斯（Morse）发明了摩斯电码和有线电报。摩斯电码是一种时通时断的信号代码，通过不同的排列顺序来表达不同的英文字母、数字和标点符号。有线电报可以将信息通过专用的交换线路以电信号的形式发送出去，通常使用摩斯电码进行编码。摩斯电码和有线电报的出现，让人类获得了一种全新的信息传递方式，这种方式"看不见""摸不着""听不到"，完全不同于以往的信件、旗语、号角、烽火等，是通信技术的一大飞跃。

1860—1890
电磁波理论的产生

1865年，英国科学家詹姆斯·麦克斯韦（James Maxwell）提出了麦克斯韦方程组，这一理论建立了经典电动力学，并预言了电磁波的存在。随后，在1888年，德国科学家海因里希·赫兹（Heinrich Hertz）通过实验证明了电磁波确实存在。这一发现为无线通信技术的发展奠定了基础。麦克斯韦的理论提供了电磁波传播的理论框架，而赫兹的实验证实了这一理论的正确性。电磁波的发现与应用在通信领域引起了革命性的变化，为无线通信技术的兴起和发展创造了条件。

1896
伽利尔摩·马可尼实现首次无线通信

1896年，意大利科学家格里尔莫·马可尼（Guglielmo Marconi）创造了人类历史上首次无线电通信，其通信距离达到30米（次年扩展至2英里）。这一里程碑事件标志着无线通信技术的开端，为未来通信领域的革命性发展奠定了基础。

1948
香农定理的提出

1948年，在《通信的数学原理》一文中，克劳德·香农（Claude Shannon）博士提出了著名的香农定理：

$$C = B\log_2(1+S/N)$$

其中，C是信道支持的最大速度（信道容量）；B是信道的带宽；S是平均信号功率；N是平均噪声功率；S/N即信噪比。香农定理给出了信道信息传送速率的上限，以比特每秒为单位，同时考虑了信道信噪比和带宽之间的关系。这一定理是信息论的基石，为现代通信技术提供了重要的理论指导。它深刻地阐述了在特定信道条件下，通过巧妙地操纵信噪比和带宽，可以实现可靠的信息传输速率，为通信系统的设计和优化提供了理论依据。

1986—2011
1G—4G：从模拟时代到智能时代

1G代表第一代移动通信技术，采用模拟技术构建的蜂窝无线电话系统。1G主要用于传输语音流量，但由于网络容量的限制，其设计相对简单。

2G标志着从模拟时代向数字时代的过渡，引入了手机通信技术规格，包括通话以及一些附加功能如时间和日期传输。经典的2G技术包括基于TDMA（时分多址）的GSM（数字移动通信标准）和基于CDMA（码分多址）规格的CdmaOne。

3G主要将无线通信与国际互联网等技术结合，形成全新的移动通信系统。这一技术能够处理图像、音乐等多媒体形式，并提供商务功能，如电话会议。

4G相较于3G，是一种超高速无线网络，被视为一种不需要电缆的信息超级高速公路。它支持虚拟实境连接、高分辨率电影和电视节目的流畅接收，同时成为合并广播和通信的新基础设施纽带。4G的最大数据传输速率超过100 Mbit/s，是移动电话数据传输速率的数千倍。这使用户能够享受更快速、更强大的移动通信体验。

2019
5G：万物互联时代

5G是目前最新一代的蜂窝移动通信技术，其性能目标包括高数据速率、低延迟、节能环保、降低成本、提高系统容量和支持大规模设备连接。

5G时代不仅标志着网络速度的显著提升，更代表着智能感应、大数据和智能学习的融合，是万物互联时代的象征。万物互联在空间尺度、时间尺度、连接关系和社会形态等方面拥有丰富的内涵，构成了一个由海量对象相互连接而成的巨大复杂网络系统，涵盖陆、海、空和网络中的各种事物。

万物互联的要素体系结构、支撑平台体系结构和应用体系结构能够连接物理世界、现实世界和信息世界。它整合了全球的数据资源，为政府、企业和个人提供多样化的智能服务，推动人类迈向智能社会。5G 的推广和应用将促使社会各个层面更加智能化，创造更为便捷、高效、创新的生活和工作方式。

2019
6G：空天地一体化时代

6G 是一个概念性的无线网络移动通信技术，旨在创建一个地面无线与卫星通信集成的全连接世界。通过将卫星通信整合到 6G 移动通信中，实现全球无缝覆盖，使网络信号能够覆盖到任何一个偏远的乡村，从而实现深山区病人的远程医疗和儿童的远程教育。

此外，在全球卫星定位系统、电信卫星系统、地球图像卫星系统以及 6G 地面网络的协同支持下，地空全覆盖网络还能够协助人类进行天气预测、快速应对自然灾害等。6G 技术的全球性连接和整合性应用，将为人类社会提供更广泛、更便利的通信服务，并在多个领域实现创新应用，推动科技的发展和社会的进步。

2022
中国在太赫兹无线通信技术领域刷新世界纪录

紫金山实验室成功研发了 360~430 GHz 太赫兹 100~200 Gbps 实时无线传输通信实验系统，创造了目前世界太赫兹无线通信最高实时传输纪录。太赫兹无线通信被公认为是 6G 移动通信系统的核心组成部分，其频段频率资源极为丰富，可支持 100 Gbps~1 Tbps 超高速率无线通信，从而将现有 5G 的峰值传输速率显著提升。

紫金山实验室搭建了国内领先、国际一流的光子太赫兹实验环境，首创了光子太赫兹光纤一体融合的实时传输架构，实现了单波长净速率为 103.125 Gbps、双波长净速率为 206.25 Gbps 的太赫兹实时无线传输，通信速率较 5G 提升 10 到 20 倍。该成果可与现有光纤网络融合，构成 100~1000 Gbps 无线接入实现超高速室内、室外广覆盖；代替现有移动网络光纤，实现 5G 快速部署；替换数据中心的巨量线缆，显著降低成本和功耗；用于星间通信、空天一体化接入等场景。

2022
涡旋电磁波轨道角动量技术取得突破

2022 年初，清华大学成功完成世界首次 W 频段涡旋电磁波轨道角动量（OAM）1 Tbps 高速中继传输演示验证实验。此次实验首次借助涡旋电磁波 OAM 技术完成点对点 1 Tbps 高速中继传输（即每秒钟传输 1 万亿比特，可传上万路超高清视频），最大传输距离达到 1 km。实验成功演示验证了 OAM 技术应用于点对点高速中继传输的可行性，而且为 OAM 通信技术产业化应用，以及服务于第六代通信技术提供了实验数据基础。

清华大学设计并研制实验系统，突破了 OAM 多模态复用、多模态波束汇聚、宽带馈源及反射面天线、涡旋电磁波高速采样器、专用调制解调器等核心关键技术，具有自主知识产权。相关技术指标达到目前世界该领域的最高水平。

2023
首次太赫兹轨道角动量的实时无线传输通信实验完成

2023年4月，中国航天科工二院25所完成了国内首次太赫兹轨道角动量的实时无线传输通信实验，利用高精度螺旋相位板天线在110 GHz频段实现4种不同波束模态，通过4模态合成在10 GHz的传输带宽上完成100 Gbps无线实时传输，最大限度提升了带宽利用率，为我国6G通信技术发展提供重要保障和支撑。在未来，该技术还可服务于10 m~1 km的近距离宽带传输领域，为探月、探火着陆器和巡航器之间的高速传输，航天飞行器内部的无缆总线传输等航天领域应用提供支撑，为我国深空探测、新型航天器研发提供信息保障能力。

2023
高可靠星地同步与传输技术研究取得进展

在6G时代，卫星通信和地面移动通信计划实现系统级融合，需要从网络架构、空口技术、网络管理、频率复用等方面进行统一设计。近年来，中信科移动通信技术股份有限公司针对低轨卫星的传输时延和多普勒频移的剧烈变化，提出了卫星星历、终端位置和同步参考信号多维协同的高可靠同步技术，实现了快速的同步捕获和精准时频跟踪。针对卫星场景下的手机链路预算差、HARQ（混合自动重传请求）重传代价大等技术瓶颈，提出HARQ动态使能技术和信道状态感知的覆盖增强技术，有效提高了星地链路的鲁棒性，实现了星地恶劣条件下的可靠传输。

2.2 智能超表面技术：6G无线通信新范式

第六代移动通信（6G）的发展目前面临诸如成本、功耗、可靠性等方面的挑战，挖掘新的无线资源并建立新的通信范式将是6G走向千家万户的重要保障。智能超表面因其能够灵活操控信道环境的电磁特性，一经出现就引起了学界和业界广泛的关注。智能超表面天然具备低成本、低复杂度和易于部署的特点，有望解决未来6G无线网络所面临的问题与挑战。

智能超表面技术的引入，创造了从被动适应无线环境到主动可控无线环境的全新通信范式，为6G时代开启了一种新的可能性。

2.2.1 6G无线通信的发展趋势

2006年，国务院颁布了《国家中长期科学和技术发展规划纲要（2006—2020年）》，确定了新一代宽带无线移动通信网等 16 个国家科技重大专项[1]。随着移动互联网、物联网的迅猛发展，虚拟现实（virtual reality，VR）、增强现实（augmented reality，AR）等技术的兴起，现有移动通信网络已难以满足爆炸式增长的通信容量需求。为此，世界各国竞相展开了新一代移动通信技术的基础研究和系统设计。作为信息通信领域的国际学术前沿和国家新基建之首，6G 移动通信有望成为经济社会发展的信息大动脉和数字新底座，也是近年来中美高科技竞争的焦点之一，从 5G 到 6G 的典型场景演进如图 2-1[1] 所示。

然而，6G 移动通信网络的发展仍然面临诸多挑战。相较于现有低频信号，6G 高频信号的传播损耗较大，网络覆盖易出现盲区或弱覆盖区域，不利于 6G 网络的泛在接入和深度覆盖。随着基站天线规模的扩大，6G 天线的制造工艺与成本、信号处理运算量等技术要求都会显著增加。同时，现有 5G 基站能耗已是 4G 基站能耗的数倍，未来，随着全社会的数字化转型，预计 6G 基站的功耗问题将会更加严重，对可靠性的需求也将持续增加。6G 移动通信网络受到成本、功耗、可靠性、计算能力的限制，挖掘新的无线资源并建立新的通信范式将是 6G 无线通信走向千家万户的重要保障。

2.2.2 智能超表面的发展现状

自无线通信技术普及以来，自由调控电磁波一直是无线传输领域不断追寻的梦想。近年来，得益于电磁超材料技术的进步，智能超表面（reconfigurable intelligent surface，RIS）因其能够灵活操控信道环境的电磁特性，一经出现就引起了学界和业界广泛的关注，在多个领域已经初步展示了其强大的性能[1]。通常，智能超表面由大量周期性部署的电磁辐射单元构成，通过给单元施加外部刺激（如电信号、光信号、热源信号等），可以灵活调控其电磁性质，以可编程的方式对空间电磁波进行主动调控。一种典型智能超表面实现形式如图 2-2[5] 所示。由于超材料的优异物理特性，智能超表面天然具备低成本、低复杂度和易于部署的特点，有望解决未来 6G 无线网络所面临的问题与挑战。智能超表面技术的引入，创造了从被动适应无线环境到主动可控无线环境的全新通信范式，为构建 6G 智能无线环境开启了新的可能性[2,3]。

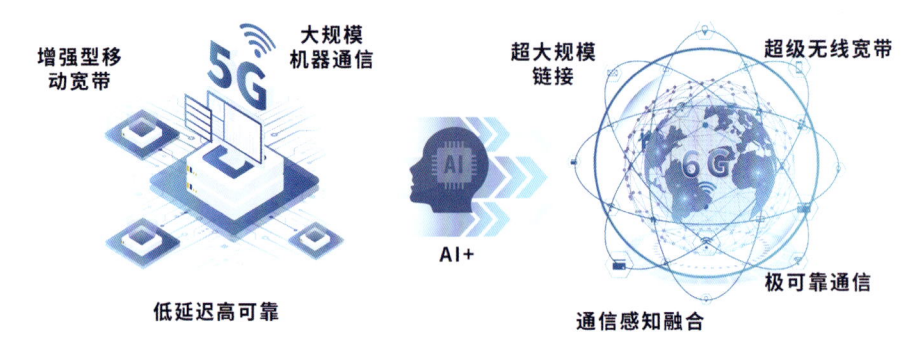

图 2-1 从 5G 到 6G 的典型场景演进

改自：信息通信技术与政策[1]

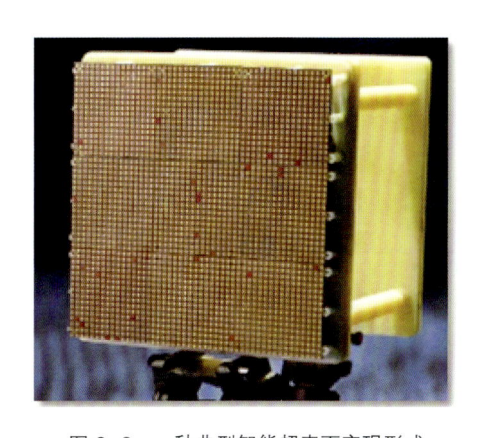

图 2-2　一种典型智能超表面实现形式

引自:《清华大学学报自然科学版（英文版）》(*Tsinghua Science and Technology*) [5]

从 2020 年开始，国内外学术界与产业界开展了一系列智能超表面技术的产业推进活动，促进了智能超表面的技术研究与工程应用。2020 年 7 月，三星发布了首个 6G 白皮书，将智能超表面技术列为 6G 无线使能技术之一。2021 年 9 月，我国工信部 IMT-2030（6G）推进组在 6G 研讨会 RIS 分论坛上正式发布了业界首个《智能超表面技术研究报告》。2022 年 4 月，智能超表面技术联盟（RIS Technology Alliance，RISTA）正式成立，并于 2023 年 2 月发布了《智能超表面技术白皮书》[2]。目前，我国在智能超表面的材料工艺、理论研究、算法应用以及工程试验等方面都取得了显著进展，有望使智能超表面成为未来 6G 网络的关键突破技术之一。作为一个具备先发优势的关键技术，智能超表面有望为未来 6G 带来全新的网络模式，突破网络性能的瓶颈。

2.2.3　智能超表面的基本原理

智能超表面是一种由大量可重新配置的电磁单元组成的平面阵列。其中每个单元都可以被视为一个可控的散射体。通过给单元上的可调单元施加控制信号，可以动态地控制其散射电磁波的性质，形成幅度、相位、极化和频率可控的电磁场，从而对信道进行主动调控[5]。尽管智能超表面具有许多反常规的可控电磁特性，如偏振旋转和非对称反射，但现有的大多数智能超表面相关的研究工作主要集中在其相移功能上。相移功能使智能超表面可以通过反射到达信号实现无源波束赋形[6]。简而言之，通过适当调整所有单元的相移，智能超表面可以产生定向反射波束，在接收器处相干地叠加智能超表面被动散射的期望信号。同时，智能超表面也可以消除一些非理想的信号，如多用户间干扰等，以抑制其对通信效率的负面影响。图 2-3 直观地展示了一个典型的通信场景，其中，多个智能超表面与多个发射机协同工作，通过无源波束赋形以增强传输。

由于智能超表面的无源结构不需要有源组件，其具有低成本、低功率和可忽略的热噪声。特别是，由于可忽略的热噪声，智能超表面最

图 2-3　智能超表面（RIS）辅助 6G 无线网络概念图

本质的优势在于其遵循"平方律"的渐近阵列增益。具体而言，对于具有 N 个反射单元的智能超表面，其通过无源波束赋形可实现的接收器信噪比与单元数的平方成正比，这相当于传统大规模天线阵波束赋形所能实现信噪比的 N 倍。此外，部署智能超表面还能够有效地增加无线信道的空间自由度，以支持多用户通信。特别地，在毫米波和太赫兹通信中的稀疏信道条件下，智能超表面提供的额外传输路径能够成倍地提升可支持的数据传输流数。通过部署智能超表面，可以在未来移动通信网络中建立一个智能可控的无线环境，从而扩大 6G 信号覆盖范围、提高通信速率，并降低基站发射功耗。

2.2.4　智能超表面的关键挑战

智能超表面预计能够为未来 6G 通信带来显著的容量提升。然而，其关键挑战在于，只有在从发射机到接收机的直射链路完全阻断或非常弱的场景下，智能超表面才能实现可预期的高容量增益[7]。反之，在许多直射链路较强的典型场景中，仅具有数百个无源单元的智能超表面所能实现的容量增益则十分有限。这一现象背后的原因被称为"乘性衰落"效应，即在远场通信中，反射链路的等效路径损耗是发射机-智能超表面链路的路径损耗和智能超表面-接收机链路的路径损耗的乘积（而非其加和）。因此，除非智能超表面非常靠近无线收发机，智能超表面辅助链路的等效路径损耗通常是直射链路的数千甚至数百万倍。从而，为了使智能超表面能够显著提升系统容量，需要数千甚至数百万个智能超表面单元来补偿反射链路的路径损耗，由此导致巨大的信令开销和极高的计算复杂度。这使智能超表面的使用变得得不偿失[7]。

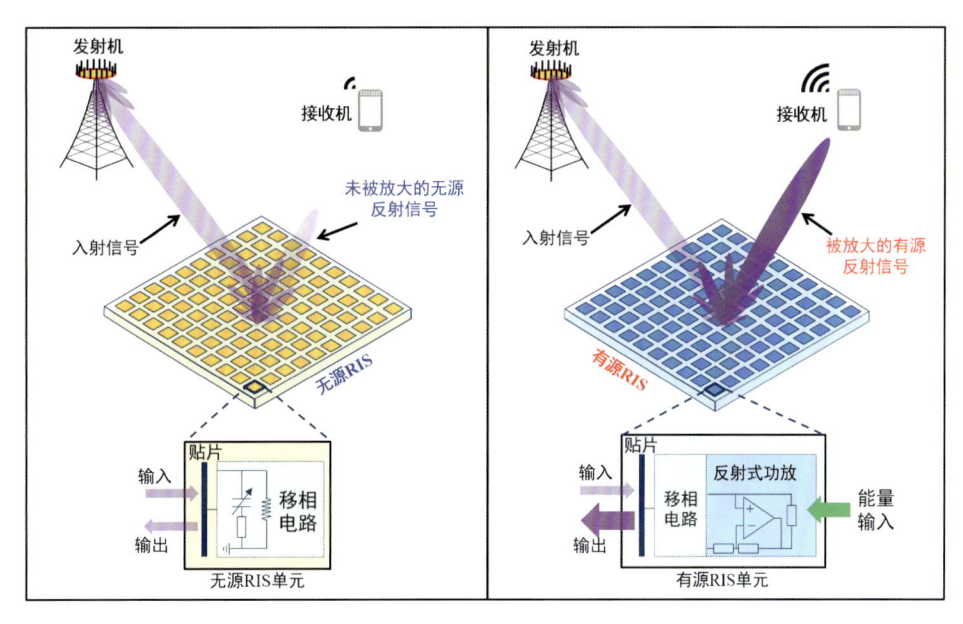

图 2-4 传统无源智能超表面（passive RIS）vs. 新型有源智能超表面（active RIS）

引自：IEEE Transactions on Communications[7]

为克服"乘性衰落"效应，一个有前景的解决方案是有源智能超表面（active RIS）。如图 2-4[7]所示，与现有被动反射信号的无源智能超表面（passive RIS）不同，有源智能超表面的关键特征在于通过在智能超表面单元处集成有源放大器来放大被反射信号。具体而言，除了无源智能超表面单元的移相电路外，每个有源智能超表面单元还额外配备了有源的反射型放大器。以一定成本和功耗为代价，有源智能超表面能够反射并放大入射信号，形成高增益反射波束。目前，已有许多低成本的方法可以实现反射型放大器，如电流反向转换器或非对称电流镜。基于上述原理，清华大学的研究人员已经开发了一个 64 单元有源智能超表面辅助的无线通信原型机（图 2-5）[8]。其工作频率为 3.5 GHz，带宽为 40 MHz，能够实现有源智能超表面技术的功能验证。基于该原型机，研究者通过实验测量验证了有源智能超表面的显著增益，并完成了现场高清视频传输。实测结果表明，相比于无源反射，有源智能超表面在典型和非典型场景下均能获得显著的性能增益，其实用性有望在未来 6G 系统中得到进一步验证。

2.2.5 结　　语

作为未来 6G 移动通信网络中的潜在关键技术，智能超表面有望为无线环境带来智能元素，开启崭新的网络模式。尽管智能超表面已初步在多个领域展现出强大性能，但在科学研究、工程应用、网络部署以及标准化等方面仍面临多重挑战。目前，智能超表面产业上下游之间的独立性较高，迫切需要建立一个融合发展的产业生态系统。这需要整合产、学、研、用各领域的共识和合作，鼓励超材料、器件、信息

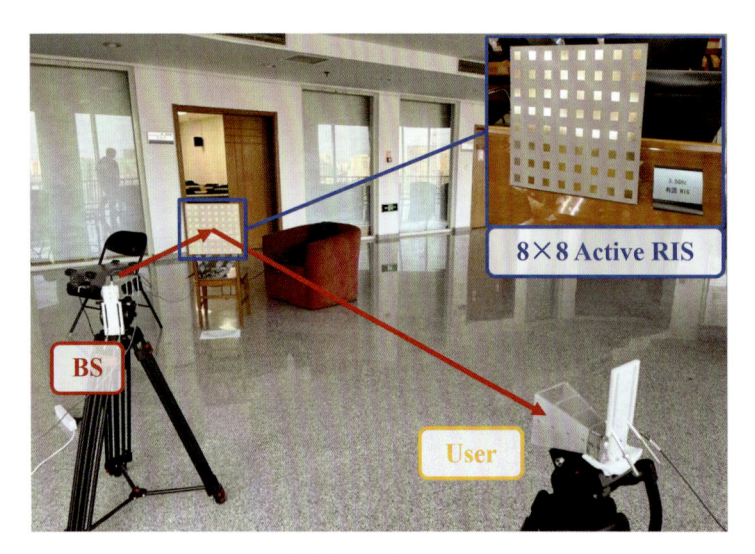

图 2-5　清华大学自主研制的有源智能超表面辅助无线通信系统原型机
引自：*IEEE GLOBECOM* [8]

和通信技术（information and communications technology，ICT）、垂直行业、解决方案提供商以及学术界等相关群体之间的交流与深度合作，推动智能超表面技术的研究和标准化进程，共同推进智能超表面产业的实际应用。建立一个综合性的产业生态系统，整合不同领域的专业知识和资源，将有助于加速智能超表面技术的发展和推广。这需要各行各业的紧密合作，以推动该领域的研究、创新和标准化，为智能超表面技术在6G网络中的广泛应用创造有利条件。

张子健

参考文献

[1] 徐晓燕，韩凯峰，杜滢，等. 6G愿景及潜在关键技术分析[J]. 信息通信技术与政策，2022，48(9): 2.

[2] 刘艳. 智能超表面技术联盟在京成立[N/OL]. 科技日报，[2022-04-08]. http://www.stdaily.com/index/kejixinwen/202204/78120a63e7e04bb4b6a0053367a83b1f.shtml.

[3] Cui T, Qi M, Wan X, et al. Coding Metamaterials, Digital Metamaterials and Programmable Metamaterials[J]. *Light: Science and Applications*, 2014, 3: e218.

[4] 张磊，陈晓晴，郑熠宁，等. 电磁超表面与信息超表面[J]. 电波科学学报，2021，36(6): 817-828.

[5] Zhang Z, Dai L. Reconfigurable intelligent surfaces for 6G: Nine fundamental issues and one

critical problem[J]. *Tsinghua Science and Technology*, 2023, 28(5): 929-939.

[6] Huang C, Zappone A, Alexandropoulos G C, et al. Reconfigurable intelligent surfaces for energy efficiency in wireless communication[J]. *IEEE Transactions on Wireless Communications*, 2019, 18(8): 4157-4170.

[7] Zhang Z, Dai L, Chen X, et al. Active RIS vs. passive RIS: Which will prevail in 6G[J]. *IEEE Transactions on Communications*, 2023, 71(3): 1707-1725.

[8] Zhang Z, Dai L, Chen X, et al. Active RISs: Signal modeling, asymptotic analysis, and beamforming design[C]//Proceedings of the 2022 IEEE Global Communications Conference, GLOBECOM, 2022: 1618-1624.

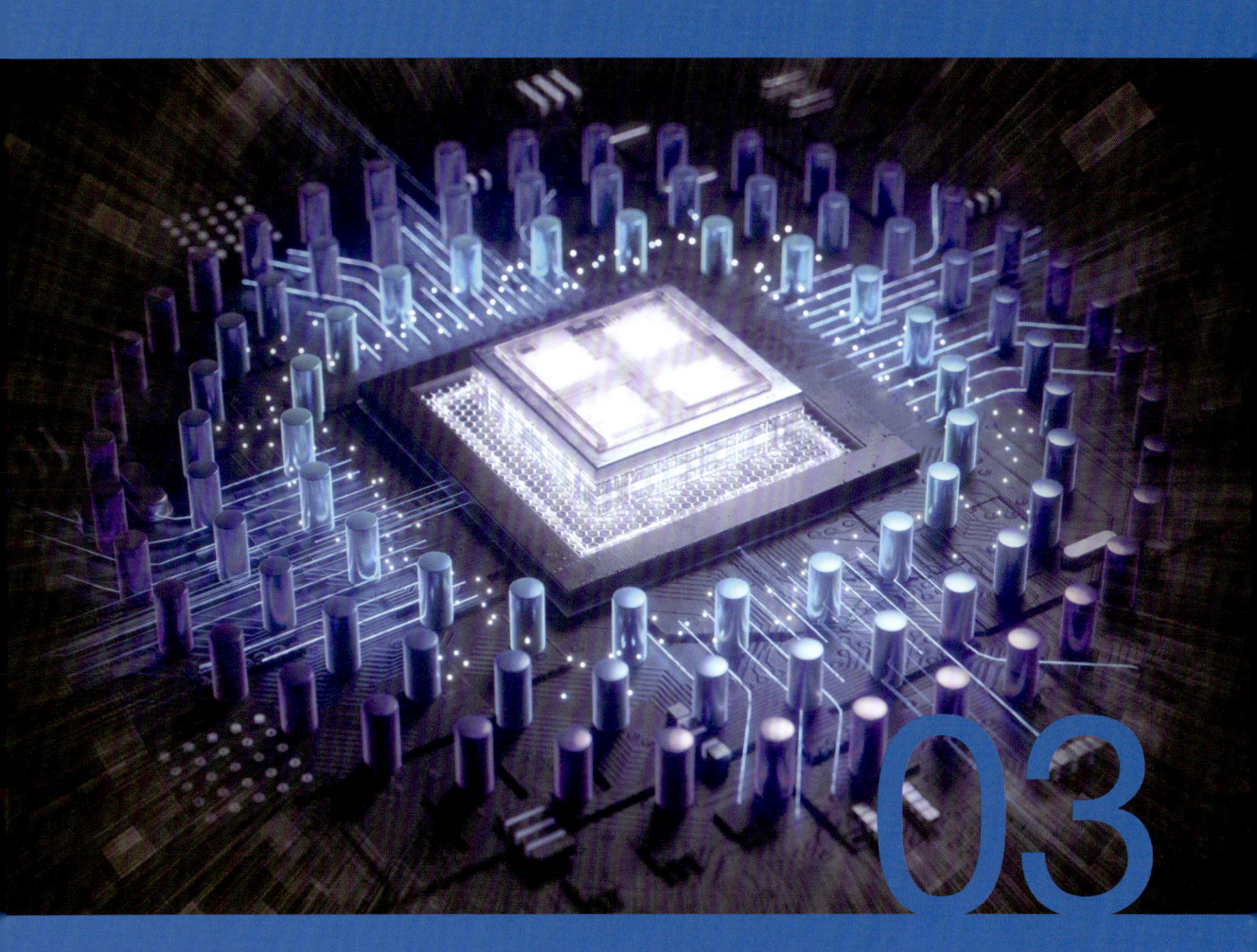

第 3 章

四代半导体材料：
引领电子革命的超宽禁带先锋

随着电子信息技术的不断发展，半导体材料也经历了数代更迭。第一代半导体材料奠定了微电子产业的基础；第二代半导体材料奠定了通信产业的基础；目前以碳化硅、氮化镓为代表的第三代半导体材料具有耐高压、耐高温等优越性能，主要应用于功率器件和射频器件；而氧化镓、氮化铝、金刚石等第四代半导体材料具有优异的物理化学特性、良好的导电性以及发光性能，在功率和射频半导体器件、紫外探测器、气体传感器以及光电子器件领域具有广阔的应用前景。

3.1 第四代半导体材料发展历程

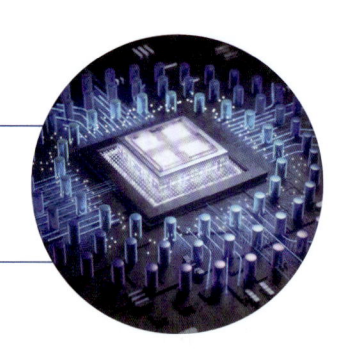

1833
半导体特性的发现

被誉为"电学之父"的英国物理学家法拉第（Michael Faraday），在实验中发现硫化银这种材料的电阻随着温度上升而降低，即高温更有助于导电，这是半导体热敏特性的首次发现。此后的五十年里，半导体的四大特性中的另外三大特性，即光生伏特效应、整流效应、光电导效应也先后被欧洲科学家发现。

1947
晶体管问世

在美国贝尔实验室，肖克利（William Shockley）、巴丁（John Bardeen）、布拉顿（Walter Brattain）三人研制出了一种点接触型的锗晶体管，其可实现在一片锗晶体的两个相距仅有数十微米的接触式电极上，对微弱电流进行15倍放大。实验室三名人员肖克利、巴丁、布拉顿因此在1956年同时获得诺贝尔物理学奖。随后，莫尔斯（Mooris Tanenbaum）在贝尔实验室制造了第一个硅晶体管。

1950s
化合物半导体的出现

第一代半导体材料是元素半导体，即半导体中只含有硅或锗的单一元素，主要用于制造晶体管和初期的半导体设备。随着半导体技术的快速发展，科学家们开始寻找能够提供更好性能，如更高的载流子迁移率和更宽带隙的新材料。后来科学家们发现，砷化镓（GaAs）和磷化铟（InP）具有比传统硅和锗半导体更优越的电子性能，特别是在高频和光电应用方面，而这些化合物半导体正是第二代半导体材料。

1962
光电领域的潜力

美国科学家尼克·霍姆尼（Nick Holonyak Jr.）发明了第一个实用化的红色LED。这一发明基于第二代半导体材料GaAs的直接带隙特性，进一步证明了化合物半导体在光电领域的潜力。

1970s
碳化硅的制备与氮化镓的研究

在 20 世纪 70 年代，碳化硅（SiC）的单晶生长技术得到发展，这是 SiC 半导体应用的重要前提。特别是液相外延（LPE）技术的进步，为后续的器件制造奠定了基础，SiC 正是第三代半导体材料的主要材料之一。另外，氮化镓（GaN）作为一种潜在的半导体材料开始受到科学界的关注。这一时期的研究主要集中在材料的基本性质，如带隙、载流子迁移率和热导率等方面。科学家尝试了不同的合成方法来制备 GaN 晶体，包括气相外延（VPE）和分子束外延（MBE）等技术。

1980s
高质量的氮化镓制备

在 20 世纪 80 年代，日本科学家赤崎勇（Isamu Akasaki）和天野浩（Hiroshi Amano）实现了在 GaN 中有效的 P 型掺杂，他们使用镁（Mg）作为掺杂剂，并通过低能电子束照射（LEEBI）技术激活 Mg 原子，成功实现了 P 型掺杂。1986 年，日本科学家赤崎勇和天野浩通过低温沉积缓冲层技术，成功使 GaN 结晶成功。

1993
蓝光半导体激光器的发明

1993 年，赤崎勇和天野浩以及美国科学家中村修二（Shuji Nakamur）成功发明了蓝光 LED。这一发明正是基于 GaN 的，开启了高效率照明技术的新时代。2014 年，这三位科学家共同获得了诺贝尔物理学奖。第三代半导体材料的兴起，正是以 GaN 材料 P 型掺杂的突破为起点，以高效率蓝绿光发光二极管和蓝光半导体激光器的研制成功为标志的。

2000s
新型半导体的研发与广泛应用

21 世纪早期，研究人员开始对氧化镓（Ga_2O_3）的基础物理性质进行深入探索，而 Ga_2O_3 正是第四代半导体的主要材料之一。科学家发现，Ga_2O_3 具有较大的带隙，这使其成为高电压、高功率应用的理想材料。

2010s
第四代半导体材料的发展

第四代半导体材料包括超宽禁带半导体和超窄禁带半导体，前者包括氧化镓、金刚石、氮化铝，后者如锑化镓、锑化铟等。第四代半导体材料具有耐高电压、耐高温、耐高辐射等优点，可以在超高电压系统、极端环境应用、高功率射频系统等众多领域发挥重要作用。第四代半导体材料是指具有极端禁带宽度的半导体材料，包括超宽禁带（UWBG）和超窄禁带（UNBG）两类。其中超宽禁带半导体材料的禁带宽度超过 4 eV，能够承受高电压、高温、高辐射等恶劣环境，代表性的材料有金刚石、氧化镓、氮化铝等。超窄禁带半导体材料的禁带宽度低于 0.5 eV，能够实现低功耗、高灵敏度、高速率等优异性能，代表性的材料有锑化镓、砷化铟等。第四代半导体因具有耐高温、耐高压、高频率等特点，可以在超高电压系统、极端环境应用、高功率射频系统等众多领域发挥重要作用。但从一定时期内的技术发展成熟度来看，氧化镓是最可能在未来几年内，实现从实验室到工厂的第四代半导体材料。

2021—2023
氧化镓的高质量制备

2023 年，中国电子科技集团有限公司（中国电科）宣布，中国电科 46 所成功制备出我国首颗 6 英寸 Ga_2O_3 单晶，达到国际先进水平。中国电科 46 所氧化镓团队聚焦多晶面、大尺寸、高掺杂、低缺陷等方向，从大尺寸晶圆热场设计出发，成功构建了适用于 6 英寸 Ga_2O_3 单晶生长的热场结构，突破了 6 英寸 Ga_2O_3 单晶生长技术，实现了良好的结晶性能。这一进展将有力支撑我国第四代半导体的实用化进程和相关产业发展。

2023 年，西安邮电大学新型半导体器件与材料重点实验室的陈海峰教授团队成功在 8 英寸硅片上制备出了高质量的 Ga_2O_3 外延片，这一成果标志着我国在第四代半导体研究上取得了又一重要进展。国内氧化镓材料在光电类领域的应用有望在 5 年内实现从实验室到产业化的突破。

2021—2023
金刚石弹性应变工程的突破

此外，其他材料的研究也取得了进一步突破。金刚石作为第四代半导体材料在国防建设、5G 通讯、量子技术等领域具有战略性地位。但金刚石因其硬度高、脆性大的特点，难以通过传统弹性应变方法实现电子特性的调控，从而对其实际应用产生阻碍。2021 年，香港城市大学机械工程学系陆洋教授团队从固体金刚石单晶中加工出了大约 1 微米长、300 纳米宽的条状样品。在拉伸试验下，金刚石条表现出高达 9.7% 的弹性变形，接近金刚石理论上的弹性极限；而在卸载后，它们又恢复了原来的形状。研究结果实现了金刚石超大、均匀的全局弹性应变，使金刚石的"深度弹性应变工程"成为可能。

2021—2023
氮化铝 p 型导电控制成为可能

近日，日本京都大学石井良太团队证实了氮化铝 p 型导电控制的可能性，阐明了其作为下一代功率半导体和深紫外发光材料很有希望成为超宽禁带半导体的物理原理。团队通过实验和理论重新研究了通过添加镁来控制 p 型导电，结果显示，决定 p 型导电控制可能性的受体结合能为"330±80 meV"，远低于常规的"500 meV 以上"，表明了通过添加镁对氮化铝进行 p 型导电控制的可能性。

3.2 第四代半导体材料：新一轮科技竞赛

随着电子信息技术的不断发展，半导体材料也经历了数次迭代。当前，以 GaN、SiC 为代表的第三代半导体被广泛应用于制造各类电子与光电器件。然而，近年来，6G 通信、电动车超级快充、特高压输变电、大规模储能等新应用场景不断涌现，第三代半导体的理化特性已无法满足更高的性能要求，因此，以氮化铝（AlN）、氧化镓（Ga_2O_3）、金刚石（Diamond）、氮化硼（BN）为代表的第四代超宽禁带半导体材料开始受到广泛关注。第四代半导体具有更为卓越的理化性质，尤其是远超第三代半导体的带隙，在功率电子、射频电子、深紫外光电器件等领域具有广阔的应用潜力。

3.2.1 从第一代半导体到第四代半导体

自 1947 年晶体管发明以来，每一次半导体材料的革新都会为世界带来一轮大规模产业升级，从第一代半导体（Si、Ge），到第二代半导体（GaAs、InP），再到近年来广受关注的第三代宽禁带半导体（GaN、SiC）。在过去的 20 年中，第三代半导体的设计与生产技术已经成熟，在射频电子、电力电子和 LED 等领域的应用已成功大规模商业化。

然而，基于第三代半导体的各类电子器件正在接近其可实现性能的理论极限。为了应对未来更加苛刻的电学、光学应用场景所带来的全新挑战，学术界与产业界正在围绕超宽禁带半导体（UWBG）开展前沿技术研究。其中，代表性的超宽禁带半导体包括氮化铝（AlN）、氧化镓（Ga_2O_3）、金刚石（Diamond）和氮化硼（BN）等材料被国内产业界称为"第四代半导体"。第四代半导体具有卓越的理化特性，包括远超第三代半导体的带隙、超高的击穿电场、优秀的热稳定性和化学惰性等，如图 3-1[1] 所示，在特高压功率转换、射频信号处理、深紫外光电子学、极端环境（辐射、高温）器件技术等多个领域均展现了突出的优势与应用潜力。

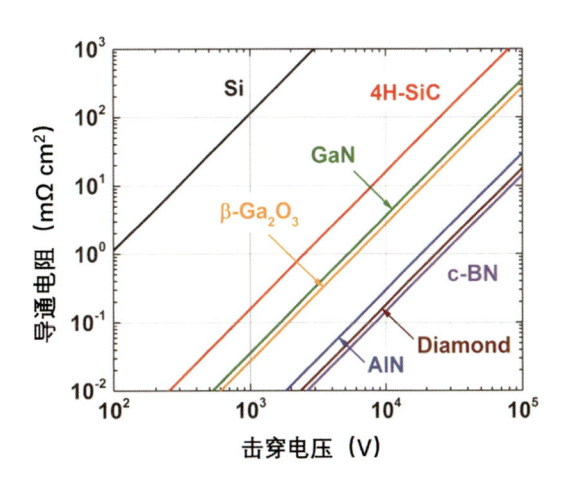

图 3-1 第一代到第四代典型半导体材料的性能提升
引自：Advanced Electronic Materials[1]

3.2.2 典型第四代半导体材料的物理特性

表 3-1 横向对比了典型第四代半导体与传统半导体（Si、GaN）的物理特性。相比第一至三代半导体，第四代半导体最直观的优势体

现在超宽的带隙（E_g）与大击穿场强（E_b）上，因而能够承受更高电压与功率所带来的挑战。并且，诸如巴利加优值（BFOM）、约翰逊优值（JFOM）等衡量功率电子、射频电子器件综合性能的指标多以线性甚至高次非线性的方式随E_g单调递增，因此第四代半导体呈现出压倒性的优势。具体而言，BFOM 原则上正比于E_b^3，其值越大表明对应低频功率器件的承载功率越大、导通损耗越小，这意味着第四代半导体非常适合制造大功率电力电子器件。与此同时，JFOM 与击穿场强基本成正比，该参数越大表明射频功放器件的截止频率与功率输出越高，这也说明第四代半导体更加适合制造高性能射频电子器件。

不过，除了上述特性，第四代半导体在载流子迁移率、饱和电子速度、相对介电常数、热导率等其他方面的物理性质则没有特别的优势。综合考虑当前的主流应用场景与生产成本，第四代半导体短期内仍无法取代第三代半导体。

表 3-1 典型半导体材料的物理特性对比 [2, 3]

材料	Si	GaN	AlN	β-Ga$_2$O$_3$	金刚石	h-BN
代数	I	II	III	IV	V	VI
带隙 E_g（eV）	1.1	3.4	6.0	4.9	5.5	6.1
击穿场强 E_b（MV/cm）	0.3	3	15	8	10	7
载流子迁移率 μ（cm^2/Vs）	1450	1000	426	300	1370	48
饱和电子速度 v_{sat}（10^{7}cm/s）	1.0	2.9	1.7	2.0	1.9	/
相对介电常数 ε	11.9	10.4	11.5	10.0	5.7	5.0
巴利加优值（BFOM）	1	603	35490	3297	16762	177
约翰逊优值（JFOM）	1	29	85	53	63	/
热导率 k	100~170	120~250	260~340	10~30	>2000	450~650

3.2.3 第四代半导体的应用及当前的问题

如前所述，第四代半导体的 BFOM、JFOM 等综合性能指标相比第一至三代半导体均呈现压倒性优势。正因如此，近年来，基于第四代半导体制造的功率电子与射频电子器件已如雨后春笋般涌现出来。其中代表性的器件有 AlN 绝缘栅双极晶体管（IGBT）、AlN 金属半导体场效应晶体管（MES FET）、β-Ga$_2$O$_3$ 肖特基二极管（SBD）、β-Ga$_2$O$_3$ 金属氧化物半导体场效应晶体管（MOSFET）、β-(Al$_{1-x}$Ga$_x$)$_2$O$_3$/Ga$_2$O$_3$ 高电子迁移率晶体管（HEMT）、金刚石 SBD、金刚石 MESFET 等。一种典型 β-Ga$_2$O$_3$MOSFET 功率器件如图 3-2[4] 所示。以上这些器件已逐步应用于军用雷达、射频通信、电动车充电桩、特高压输变电等技术领域。

此外，半导体材料的吸收与发射光谱特征峰对应的波长反比于 E_g。由于第四代半导体的带隙 E_g 大于 3.4 eV，因此，用这些材料制成的光电器件可以在比 365 nm（GaN 紫外 LED 波

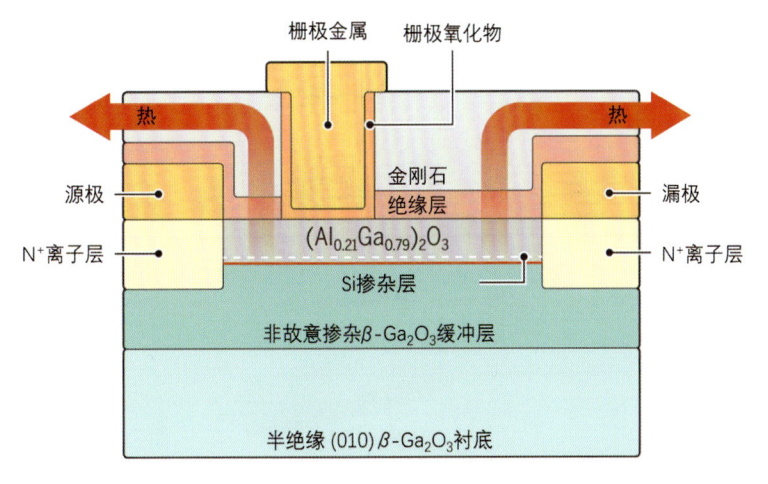

图 3-2 一种典型 β-Ga$_2$O$_3$ MOSFET 功率器件

引自:《科学》(Science)[4]

长)短得多的深紫外波段下工作。这些器件有许多特殊用途,特别是在 UVC 波段(200~280 nm)工作的光电器件,在日盲探测器、紫外激光器和 LED、DUV 光刻与微纳加工、医疗诊断与消毒等领域具有相当大的应用潜力。其中,在 AlN 生长过程中还可以引入 Ga 离子,通过调控 Al∶Ga 原子比例,即可制成 AlGaN 合金材料。随着 Ga 浓度的改变,该材料的带隙在 3.4~6.0 eV 间可调,这导致其光谱能够覆盖大部分紫外光区,从而可以根据实际应用需求调控器件的光电特性。正是因为这一灵活可调的光电特性,AlGaN 成为日盲探测器的首选材料。

除了以上共性应用,这几种第四代半导体还各自具有独特优势,正所谓"八仙过海,各显神通"。其中,AlN 是压电特性最优异的材料之一,非常适合于制造 5G 手机的射频前端芯片,已广泛应用于 iPhone 等手机中。金刚石作为自然界中热导率最高的材料,已被用作各类高功率器件的高导热衬底。而 β-Ga$_2$O$_3$ 的生产工艺简便,其单晶生产成本甚至远低于 GaN 等第三代半导体,因此也是目前落地应用最广泛的第四代半导体。

尽管如此,当前各类第四代半导体也存在诸多局限性。其中,AlN 单晶衬底的制造工艺尚不成熟,晶格缺陷密集、晶圆尺寸较小,制造成本居高不下。金刚石则硬度过高,很难与现有半导体加工工艺兼容,并且单晶衬底的生产成本极高,远不能达到大规模产业化的程度。而 β-Ga$_2$O$_3$ 则是自身热导率过低,并且在应力作用下容易沿特定晶面发生解理,这严重制约了其在高功率场景下的器件可靠性与寿命。为了改善氧化镓器件的散热性能以提升其可靠性,一种可行的解决方案是采用异质集成技术来制备 β-Ga$_2$O$_3$ 薄膜与 SiC 等高导热衬底的异质结,如图 3-3[5] 所示,从而显著降低氧化镓器件热阻。主流的异质集成技术有两种,分别为异质外延生长与低温键合。

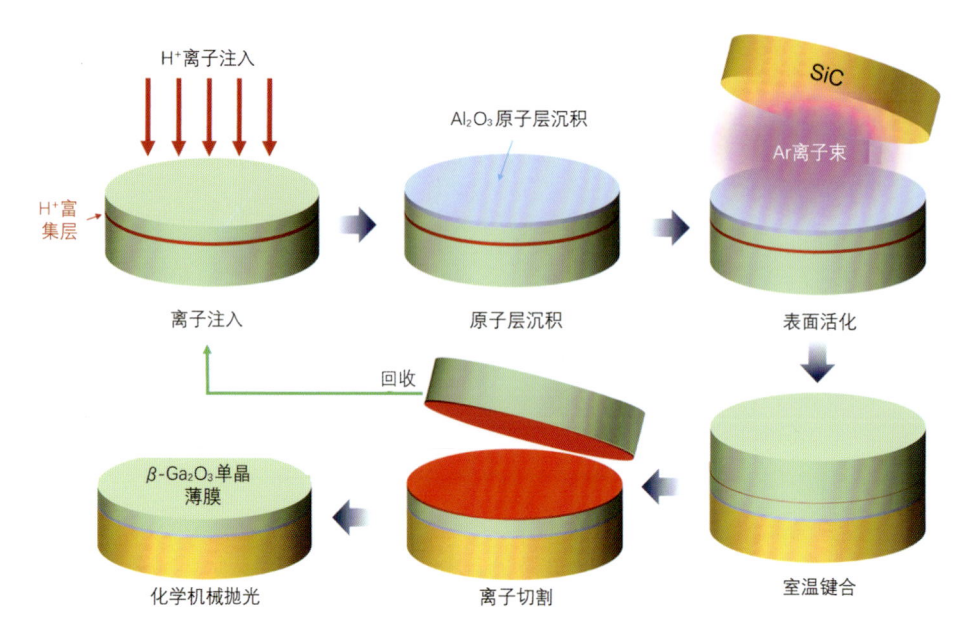

图 3-3　氧化镓薄膜与 SiC 高导热衬底的异质集成

引自：*ACS Applied Materials and Interfaces*[5]

3.2.4　第四代半导体领域的"卡脖子"问题

在第四代半导体领域，我国与世界顶尖水平仍存在一定差距。以 AlN 为例，十余年来，任意尺寸的 AlN 单晶衬底一直位列对华禁运名单中。因为生产工艺难度大，目前国外有能力生产 2 英寸及以上高质量 AlN 单晶晶圆的机构屈指可数，具有代表性的有美国的 HexaTech、Crystal IS 等公司，这些公司基本垄断了 AlN 高端产品线。不过近几年，国内的奥趋光电、中电科 46 所、松山湖实验室、北京大学等企业与科研机构先后攻克了该材料的生产工艺难题并达到了世界先进水平，如图 3-4[6] 所示，但是其成熟度和稳定性有待进一步提升。与此同时，单晶氧化镓、金刚石已于 2022 年 8 月被美国商

图 3-4　我国生产的 3 英寸单晶 AlN 晶锭

引自：*Frontiers in Materials*[6]

务部列入出口管制名单，禁止对我国出口。这些迹象均表明，以第四代半导体为标志的新一轮科技竞赛已悄然打响。

当前，我国越发重视第四代半导体产业的布局，相关规划已陆续上马。在"十四五"发展规划中，氮化铝、氧化镓、金刚石、氮化硼等材料的制备技术均已列入国家重点研发计划，获得了国家层面更多的重视与支持。我们有信心突破该领域的"卡脖子"问题。

3.2.5 总结与展望

"材料、能源、信息"是人类社会的三大支柱，而半导体无疑已成为这三大支柱共同的"基石"。正因如此，半导体材料的每次更新迭代都会带动一次产业升级，并从根本上变革人类社会的发展面貌。当前，半导体已发展至第四代——超宽禁带半导体，代表性的材料包括氮化铝、氧化镓、金刚石、氮化硼等。这些材料在信息与能源技术领域具有极为广阔的应用前景，如图3-5[2]所示，也因此受到世界各国的重视，并在全球范围内引发了新一轮科技竞赛。我国在"十四五"发展规划中已将第四代半导体技术列入重点研发计划，在国家的大力推动与支持下，国内的企业与科研机构已在该领域取得了突破性进展，并总体达到了世界先进水平。相信在不久的将来，我国可以彻底突破半导体领域的"卡脖子"困境，打破欧、美、日、韩在该领域的垄断地位，成为世界半导体产业版图的重要一极。

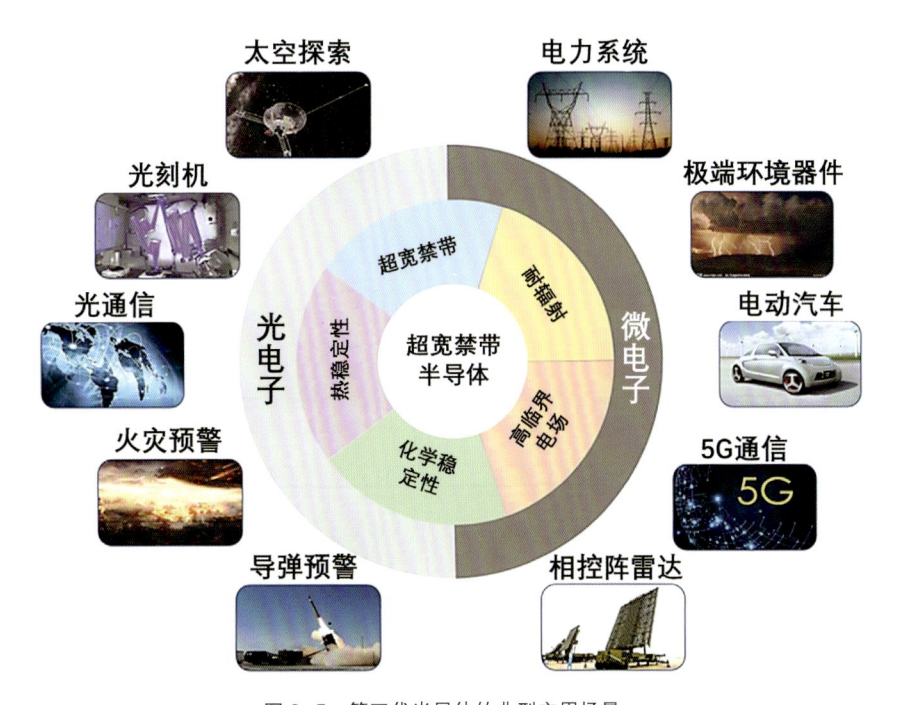

图3-5 第四代半导体的典型应用场景

引自：*Progress in Quantum Electronics*[2]

杨光

参考文献

[1] Tsao J Y, Chowdhury S, Hollis M A, et al. Ultrawide-Bandgap Semiconductors: Research Opportunities and Challenges[J]. *Advanced Electronic Materials*, 2018, 4(1): 1600501.

[2] Yang J, Liu K, Chen X, et al. Recent advances in optoelectronic and microelectronic devices based on ultrawide-band gap semiconductors[J]. *Progress in Quantum Electronics*, 2022, 83: 100397.

[3] Xu M, Wang D, Fu K, et al. A review of ultrawide bandgap materials: properties, synthesis and devices[J]. *Oxford Open Materials Science*, 2022, 2(1): itac004.

[4] Tadjer M J. Toward gallium oxide power electronics[J]. *Science*, 2022, 378(6621): 724-725.

[5] Cheng Z, Mu F, You T, et al. Thermal transport across ion-cut monocrystalline β-Ga_2O_3 thin films and bonded β-Ga_2O_3-SiC interfaces[J]. *ACS Applied Materials and Interfaces*, 2020, 12(40): 44943-44951.

[6] Wang Q, Lei D, Huang J, et al. Homoepitaxial growth of 3-inch single crystalline AlN boules by the physical vapor transport process[J]. *Frontiers in Materials*, 2023, 9: 1128468.

第 4 章

动力电池回收：绿色能源循环的启航，赋予退役电池新生的力量

动力电池回收技术是针对废弃电动车电池进行再利用的关键技术，包括拆解、物理化学处理、精炼、再生利用等步骤，目标是提取并回收电池中的有价值材料，如镍、钴、锂等金属，并实现其循环利用。该技术被广泛应用于新能源汽车、储能设备等领域，有效降低了原材料成本，同时减少了环境污染。未来发展方向主要集中在提高回收效率、降低回收成本以及环保处理等方面。随着新能源汽车市场的快速发展，动力电池回收技术将具有巨大的市场潜力和社会价值。

4.1 动力电池回收技术发展历程

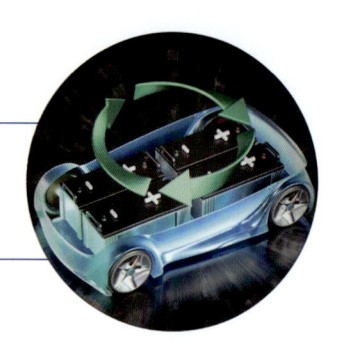

公元前 2000 年
火法冶金技术的发明

火法冶金的历史可以追溯到公元前 2000 年甚至更早。火法冶金是指在高温条件下使含有特定金属元素的原材料发生一系列的物理化学变化，使所需的金属元素与其他杂质分离而得到金属的冶金方法。在动力电池的拆解回收过程中，常用火法冶金技术回收电极材料中的有价金属，所需金属元素一般以金属或合金形式被回收。但由于火法冶金技术相对粗糙，常与湿法冶金技术联用以取得更好的回收利用效果。

公元前 200 年
湿法冶金技术的发明

湿法冶金的历史可以追溯到公元前 200 年。湿法冶金是将含有有用金属元素的原料经与水溶液或其他液体相接触，通过化学反应等方式将原料中的金属元素转入液相，再将液相所含有的金属离子进行分离与富集，以金属或其他化合物的形式回收所需金属。

1800s—1900s
湿法冶金技术加速发展

18 世纪中期，在西班牙和俄国出现了湿法冶炼铜的技术。1889—1892 年，奥地利化学家拜耳（Karl Josef Bayer）发明了从铝土矿中提取氧化铝的方法，即拜耳法，开创了湿法冶炼氧化铝的历史。此后，湿法冶炼锌、金、银、钴、镍等金属的工厂相继出现。20 世纪后半期，加压浸出法在提取有色重金属方面的进展十分显著，主要用于提取铜、镍、钴、锌和贵金属元素。湿法冶金技术的发展与成熟为回收利用退役动力电池中的金属元素奠定了坚实基础。

1980
John Goodenough 开发钴酸锂正极材料

1980 年，英国牛津大学约翰·古迪纳夫（John Goodenough）教授开发了用于锂离子电池的钴酸锂（LCO）正极材料，钴酸锂在十年后成为首个成功商业化的锂离子电池正极材料。

1991
Sony 公司将锂离子电池商业化

1991年，Sony公司推出了第一款商业锂离子电池，该电池以碳材料为负极材料、以钴酸锂为正极材料。锂离子电池的商业化为众多电动交通工具的兴起创造了广阔空间，奠定了动力电池产业和锂离子电池回收产业的基础。

1997
John Goodenough 开发磷酸铁锂正极材料

1997年，Goodenough教授开发了低成本、高安全性、高稳定性的磷酸铁锂（LFP）正极材料。磷酸铁锂正极材料在数年后成为应用于动力电池的两大主流正极材料之一。退役的磷酸铁锂动力电池由于其高稳定性、高安全性而具有较高梯次利用价值。

2001
镍钴锰三元正极材料

2001年4月，加拿大达尔豪斯大学的杰夫·达恩（Jeff Dahn）教授开发了可以规模商业化的镍钴锰三元（NMC）正极材料。三元正极材料在数年后成为应用于动力电池的另一种主流正极材料。退役的三元动力电池由于其含有钴、镍等金属元素而具有较高的拆解回收价值。

1990s—2000s
各国陆续开展退役动力电池梯次的研究

1996年，美国Argonne国家实验室开始从事退役动力电池的寿命周期价值研究；2002年，美国Sandia国家实验室研究了退役动力电池在储能系统中梯次利用的经济可行性，并建议在梯次利用前对退役电池的性能和寿命进行评估；2010年，日产汽车与住友商会共同研究电动汽车动力电池在储能系统的梯次利用技术并成立4R Energy公司；2012年11月，通用汽车公司与ABB集团展示了ABB-通用汽车沃蓝达电池系统，标志着退役动力电池首次应用于居民住宅，例如，5组雪佛兰沃蓝达蓄电池在退役后被重新整合入一个模组，可支持3~5个美国普通家庭2个小时的电力供应。

2005
动力电池回收技术在学界不断取得新进展

梯次利用技术进步的关键是开发快速、准确评估退役动力电池性能参数的方法。研究者在此方面进行了诸多努力，如利用容量、充放电曲线、电化学阻抗等特征建立评估电池性能的模型，借助数据管理系统为退役动力电池梯次利用提供方便，助力大规模、高效率、低成本、自动化梯次利用的应用。

对于传统的火法冶炼方法，研究者主要针对环境气氛和高温焙烧压力对冶炼效果的影响进行研究，还进一步研究了火法冶金的反应机理。对于湿法冶金技术，研究者对浸出、分离和还原过程开展了一系列研究，重点对浸出工艺进行了研究与改进，旨在提升浸出效率、减小对环境的不利影响，还研究了不同溶液对浸出的影响并提出了环保的生物浸出技术。随着研究者对正极材料固相合成反应机理的了解日趋深入，近年来还发展了电极材料直接再生技术。该技术成本低且高效，可以直接修复失效的正极材料在化学组成和晶体结构中的缺陷。

2011

梯次利用技术相关 863 计划启动

2011 年，863 计划重大项目智能电网关键技术研发《电动汽车充放储一体化电站系统及工程示范》启动实施，涉及退役动力电池梯次利用技术研究。该项目的研究目标为：攻克电动汽车电池更换站作为分布式储能单元接入电网的关键技术；提出电池梯次利用及成组的原则和策略；提出更换站与储能站一体化设计方案和运行方案；建成更换站与储能站一体化示范工程。

2014

国家电网推动退役动力电池与直流快充站相结合

国家电网北京电科院开展了"电动汽车动力电池梯次利用技术研究与示范"项目，将梯次利用的退役动力电池与直流快充站相结合，接入百千瓦级储能系统，动态调节充电站内直流负荷，实现负荷的"削峰填谷"，提高充电站的综合运营效益。

2018

工信部等印发电池回收相关方案

工信部等七部门印发《新能源汽车动力蓄电池回收利用试点实施方案》，在京津冀、长三角等地区开展退役动力电池回收利用试点工作，从试点地区向周边区域辐射，并支持中国铁塔公司等试点企业发挥自身优势，开展动力蓄电池梯次利用示范工程建设。

2019

国家电网加速推进电池回收利用

国家电网河南省电力公司建设了多种应用场景的梯次利用储能示范工程。国内能源企业、新能源车企、动力电池生产企业、电池原材料供应商等企业积极参与合作，逐步完善退役动力电池梯次利用产业链，共同推进国内动力电池梯次利用产业健康可持续发展。

2023

清华大学在锂电回收领域取得新进展

清华大学深圳国际研究生院周光敏、成会明团队提出了使用一种新型的多功能有机锂盐（3,4-二羟基苯腈二锂，Li_2DHBN）直接修复失效 LFP 正极的方法。相比于传统的火法和湿法过程，该工作提出的策略具有更高的经济价值和更大的环境效益，为未来探索利用更多不同锂源直接修复失效的锂离子电池正极材料提供了独特的思路。相关成果《多功能性有机锂盐直接再生失效正极材料》发表在 *Nature Communications* 上。

4.2 动力电池回收技术：退役动力电池变废为宝

相比于燃油汽车，新能源汽车除了在环境友好性上具有明显优势外，还具有较低的使用成本，因此受到了越来越多消费者的青睐。尤其在近几年，新能源汽车的产量、销量增速明显，2022年我国动力电池装机量已达294.6 GWh。然而，动力电池作为新能源汽车的"心脏"，其性能会在使用过程中逐渐衰减，直至无法满足使用需求。新能源汽车产业的飞速发展伴随着大量动力电池的退役，电池的有效服役年限为4~8年。由于2017年前后大规模的动力电池装机，在2023年左右迎来了动力电池回收的放量期[1]。发展动力电池回收技术可使退役动力电池变废为宝，是实现新能源产业的绿色、低碳、循环发展的迫切需要。

4.2.1 动力电池及其回收技术概述

动力电池是新能源汽车的动力来源，其工作原理是利用（电）化学反应实现电能与化学能的相互转换。目前，市面上的新能源汽车绝大部分采用锂离子电池作为动力电池，因此，动力电池回收技术主要基于锂离子电池系统（图4-1）。正极材料、负极材料和电解液是动力电池的主要组成部分，其中正极材料可能含有镍、钴、锰等过渡金属元素，电解液的成分包括有机溶剂与含氟的锂盐。从环保角度来看，发展动力电池回收技术是必要的，如果退役动力电池中的电极材料和电解液等处理不当，可能造成镍、钴、锰等金属离子污染、氟污染以及其他有机物污染等严重的环境问题。从经济角度看，动力电池的成本较高（约占整车的1/3），对退役动力电池回收与利用可以减少资源浪费，产出可观的经济收益。目前，退役动力电池回收后主要采取两种利用方式，即梯次利用和拆解回收利用[2]。政策引导和鼓励的回收方式是先进行梯次利用，再进行拆解回收。

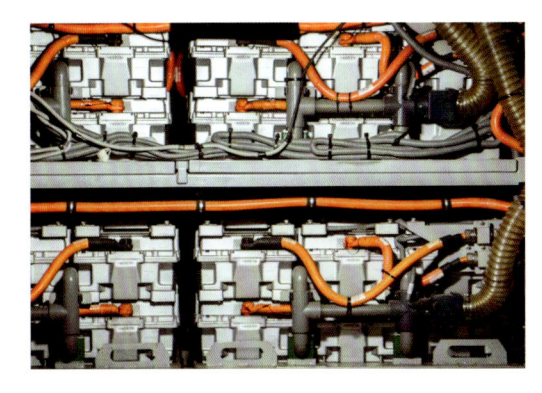

图4-1 电动汽车锂电池组和电源连接

4.2.2 梯次利用：发挥退役动力电池的余热

如图4-2[8]所示，梯次利用是将退役动力电池应用到其他场景以延长电池的使用寿命，最大限度地发挥锂离子电池的生命周期价值。当动力电池的容量降到初始容量的70%~80%时，其性能不再满足电动汽车的使用标准，成为退役动力电池[3]。但这类电池仍然可以在对电池

图 4-2　退役动力电池的梯次利用场景
引自：*ChemElectroChem*[8]

性能要求较低的场合中继续使用，如应用于储能系统和低速电动工具。磷酸铁锂电池具有循环寿命长、性能稳定、安全性高的优势，尤为适于进行梯次利用。

退役动力电池的梯次利用主要有两条技术路线[4]。

（1）单体电池梯次利用：将退役动力电池组拆解为数个单体电池，根据单体电池的容量、内阻、自放电等性质对不同电池进行分类、重组，进行二次利用。

（2）电池模组梯次利用：将模组作为电池基本单元，在测试、分类、重组后进行二次利用。

路线（1）对退役动力电池中电池单体的一致性要求较低，尤其适用于早期技术不成熟时期生产的动力电池的梯次利用，但会增加电池拆解、测试、分类和组装的成本。路线（2）减少了上述成本，但对动力电池的质量要求更高。随着电池制造技术的不断进步，路线（2）将逐渐成为主流。

4.2.3　拆解回收利用：在退役动力电池的材料中淘金

对于无法梯次利用的退役动力电池，以及经过梯次利用后容量下降至初始容量 30%~40% 以下、不适合继续梯次利用的退役动力电池，需要对电池进行拆解，回收利用其中有价值的组分，包括铜集流体、铝集流体、电极材料等[4, 5]。与负极材料、隔膜、电解液相比，回收正极材料具有较高的经济效益，很多回收技术的研究聚焦于正极材料的回收利用。其中，三元动力电池的正极材料中含有有色金属钴、镍，平均锂含量高于我国所开采锂矿的锂元素含量，因此，三元动力电池拆解回收具有较高经济价值。在磷酸铁锂动力电池的正极材料中主要回收的元素为锂和铁，材料回收的经济效益相对较低。

退役动力电池内部结构复杂，一般含有未完全释放的能量。在拆解回收过程中，为了在保障安全的前提下实现不同材料的分离，先要进行预处理。预处理过程主要包括四个步骤：①放电失活处理；②电池拆解；③电芯破碎；④材料分离[6]。预处理之后，对分离后的正极材料、负极材料等进行二次处理。正极材料的回收由于经济效益更高而成为重点，回收正极材料常采用以下技术（图4-3[5]）。

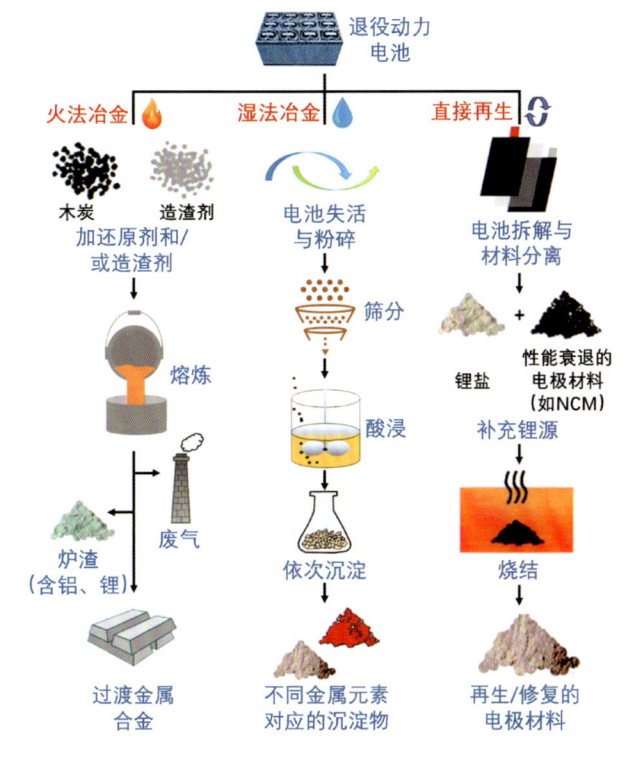

图 4-3　退役动力电池材料的典型回收方法
引自：*ACS Energy Letters*[5]

（1）火法冶金。火法冶金是冶炼矿石的常用技术，主要包括高温冶炼与热还原焙烧过程。火法冶金过程中，有价金属通常以合金形式被回收。在生产中，火法冶金虽然简便，但能耗较高、回收效率较低，因此其主要功能是将材料转化为有利于后续湿法冶金处理的物相[6]。

（2）湿法冶金。与火法冶金相比，湿法冶金具有能耗低、金属回收率高、产品纯度高等优点，主要步骤包括金属离子的浸出、分离和还原。对湿法冶金的研究常聚焦于分离单种金属，但考虑到电极材料的再生产过程，同时分离多种金属可以进一步简化分离过程、降低技术成本。例如，三元正极材料的前驱体包含镍、钴、锂等金属元素，通过调控浸出溶液中的离子浓度可实现多种金属元素按特定计量比的分离。上述两种方法的采用程度如图4-4[5]所示。

（3）电极材料直接再生。该技术主要利用固相反应法或水热法，直接修复失效正极材料在化学组成和晶体结构中的缺陷，从而在一定程度上恢复电极材料的性能。该方法避免了繁杂的元素分离过程，成本低且高效。

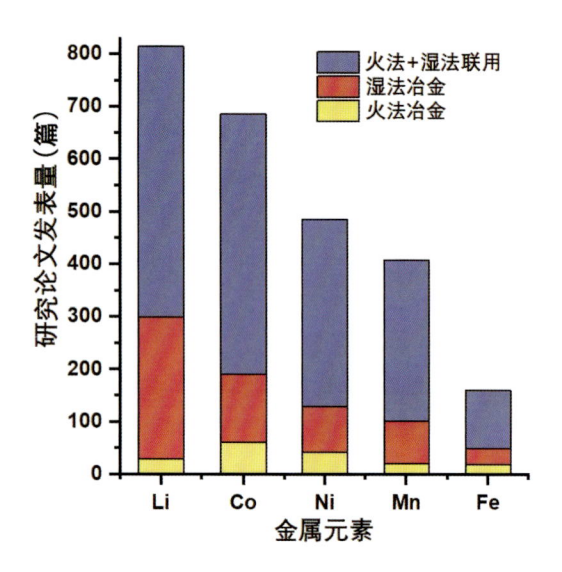

图 4-4 采用湿法/火法冶金方法回收锂电池常见金属元素的论文发表量（统计时间 2011—2021 年）
引自：ACS Energy Letters[5]

4.2.4 动力电池回收技术的前景与展望

目前，我国动力电池回收产业处于起步发展阶段，随动力电池"退役潮"的到来，动力电池的回收产业必将迎来飞速发展。现阶段，动力电池回收技术仍面临诸多问题。例如，在梯次利用中，电池检测和筛选技术尚不成熟，自动化水平不够高；在拆解回收利用中，低成本、高资源回收率、废水零排放的再生利用工艺不完善[7]。

梯次利用具有可观的经济价值和环境保护价值。建立多维的电池性能评价标准，开发快速、准确评估退役动力电池性能参数的方法，对于实现高效、低成本、自动化的梯次利用技术至关重要。例如，可以基于电池的电化学阻抗谱（electrochemical impedance spectroscopy，EIS）信息建立与电池性能相关的模型，结合弛豫时间分布（distribution of relaxation time，DRT）、机器学习（machine learning，ML）等技术对模型进行训练与优化，实现对不同性能电池的快速筛选与分类。梯次利用的需求也为动力电池企业的生产提出了要求，在动力电池生产中应将电池退役后的梯次利用纳入考虑，采用易梯次利用的电池结构设计，以利于其退役后的高效梯次利用；还需提升动力电池的生产质量，尤其是电池单体一致性，这将有利于实现电池模组水平的梯次利用。

拆解回收利用是动力电池产业资源循环的关键环节。目前回收的重点在正极材料，对负极、电解液等材料的回收由于经济效益较低而发展缓慢。随着正极材料高镍化、低钴化趋势的推进，拆解回收正极材料的收益会日益降低，其他材料的回收技术亟待发展。拆解回收过程中应特别注意污染物的排放，尽可能减少有毒物质在回收过程中的危害，发展绿色回收技术。电极材料直接再生技术在成本、效率和环境友好性上具有显著优势，但规模化技术经验不足，正成为未来重要的发展方向。

王锦坤

参考文献

[1] 国家发展改革委价格成本调查中心. 动力电池"退役潮"接踵而至建立科学规范的回收体

系刻不容缓[EB/OL]. [2023-02-28]. https://www.ndrc.gov.cn/wsdwhfz/202302/t20230228_1350052.html.

[2] 周伟, 符冬菊, 刘伟峰, 等. 废旧磷酸铁锂动力电池回收利用研究进展[J]. 储能科学与技术, 2022, 11: 1854-1864.

[3] Gu X, Zhou L, Huang H, et al. Electric vehicle battery secondary use under government subsidy: A closed-loop supply chain perspective[J]. *International Journal of Production Economics*, 2021, 234: 108035.

[4] Lai X, Huang Y, Gu H, et al. Turning waste into wealth: A systematic review on echelon utilization and material recycling of retired lithium-ion batteries[J]. *Energy Storage Materials*, 2021, 40: 96-123.

[5] Baum Z J, Bird R E, Yu X, et al. Lithiumion battery recycling—overview of techniques and trends[J]. *ACS Energy Letters*, 2022, 7: 712-719.

[6] Yu W, Guo Y, Shang Z, et al. A review on comprehensive recycling of spent power lithium-ion battery in China[J]. *eTransportation*, 2022, 11: 100155.

[7] 中国新闻网. 打通动力电池回收关键堵点 [EB/OL]. [2022-11-30]. https://www.chinanews.com.cn/cj/2022/11-30/9905341.shtml.

[8] Wang Y, Hu F, Wang F, et al. Revolutionizing the Afterlife of EV Batteries: A Comprehensive Guide to Echelon Utilization Technologies[J]. *ChemElectroChem*, 2024, 11: e202300666.

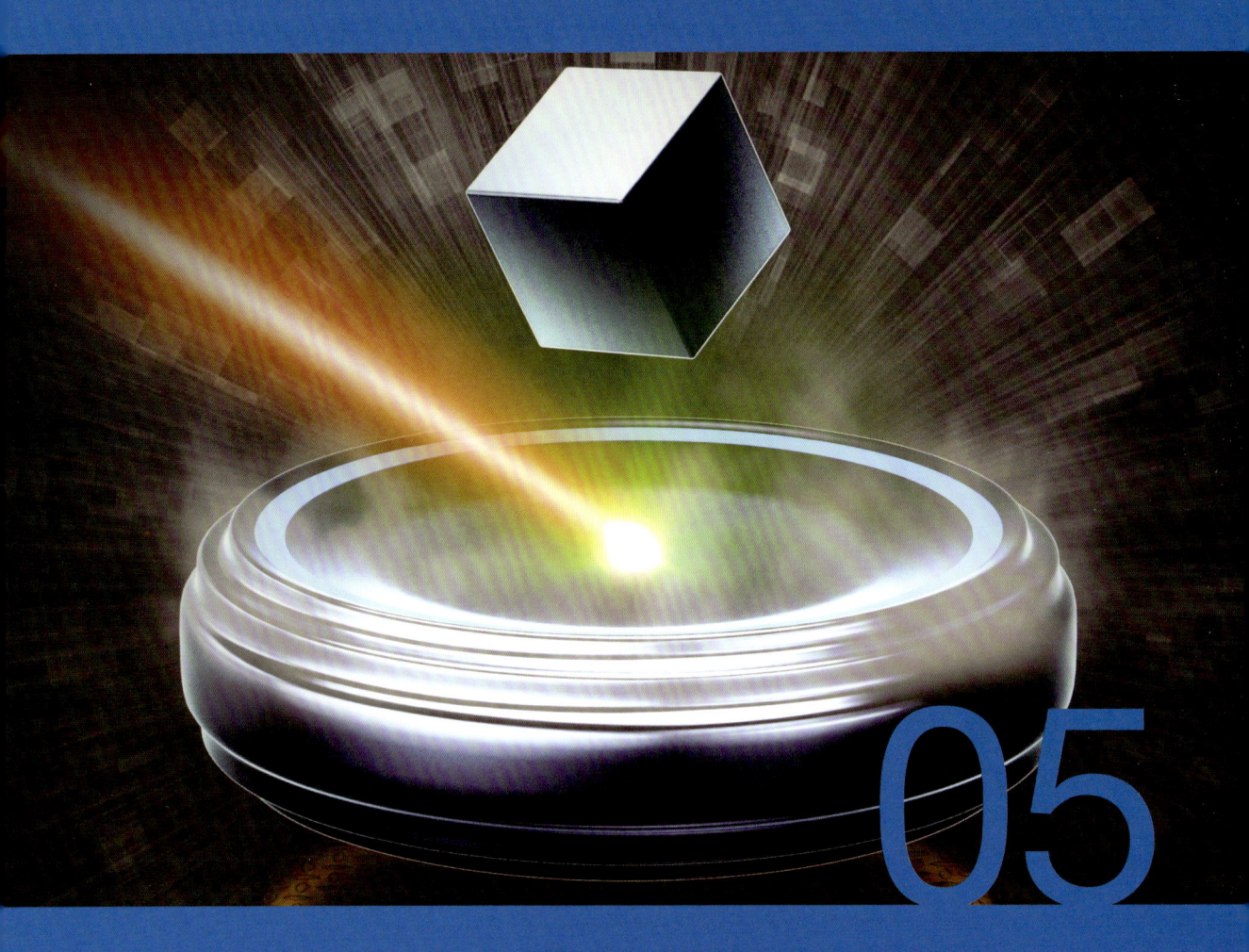

第 5 章

超导探秘：揭秘低温世界的神奇力量，科技盛宴中的零电阻奇迹

超导电性的黄金判据是，在低温条件下材料兼具零电阻性和抗磁性。高温超导材料是物理领域研究的前沿和热点，因其具有较高的超导转变温度，在应用领域广受关注，有望解决未来能源问题。现阶段研究的核心问题包括提高超导材料的临界温度、探索高温超导机理、降低制备成本等。高温超导材料的研究对电力传输、航空航天、国防安全、量子计算、数字通信、医疗设备等领域具有重要意义，其研究上的突破将带来新的科技革命。

5.1 高温超导材料发展历程

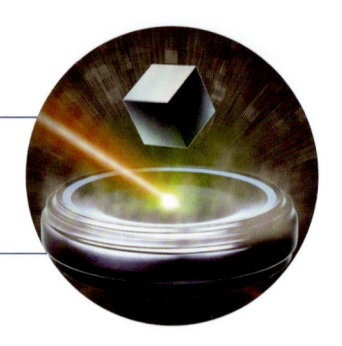

1911
超导的发现和基本性质

1908 年，荷兰物理学家 Kamerlingh Onnes 首次实现了氦的液化，并通过降低压强获得了约 1.5 K 的低温。1911 年，他发现当温度降至 4.2 K 以下时，汞的电阻由有限值跳变到零，这就是超导的诞生。1933 年，德国物理学家 Meissner 发现超导体会表现出完全抗磁性：在弱磁场下，超导体内部的磁通全部被排出到外部。这一现象被称为 Meissner 效应。同时具有零电阻和完全抗磁性是判断超导体的重要依据。

1950
Ginzburg-Landau 理论

1950 年，苏联物理学家 Ginzberg 和 Landau 在量子理论及热力学相变理论的基础上，建立了关于超导电性的唯象理论。他们提出，超导电子并非独立存在，而是在一定的空间尺度内相互关联；并且，磁场并非完全不能进入超导体，而是可以从超导体表面穿入一定的深度。与之前的超导唯象理论相比，该理论可以更加清晰地描述超导体的行为。

1950
同位素效应

1950 年，美国物理学家 Reynolds 和 Maxwell 分别在汞与锡单质中发现了超导同位素效应，即在改变汞或锡单质的相对原子质量时，其超导转变温度会随之改变。原子质量的改变并不会带来原子与电子之间相互作用的变化，而是会改变固体中原子阵列（晶格）振动的特征。同位素效应的发现提示晶格振动在超导现象中起重要作用。

1957
Bardeen-Cooper-Schrieffer 理论

1950 年，英国物理学家 Frohlich 提出，电子与晶格的相互作用可导致电子间的相互吸引。1955 年，美国物理学家 Cooper 提出，超导体内自旋与动量相反的电子会相互吸引配对，形成"库珀对"。这些库珀对相互关联，共同形成无阻碍的超导电流。但是，电子之间的库仑相互作用会让它们相互排斥，所以需要"胶水"来把它们粘在一起。在同位素效应的启发下，Bardeen、Cooper 与 Schrieffer 在 1957 年提出，晶格振动是超导电子配对的媒介。在这一物理图像下，他们通过严格推导，发展出系统化的超导微观理论，即 BCS 理论。

1962
约瑟夫森效应

1962 年，英国物理学家 Josephson 预言，在被一层薄绝缘体分开的两个超导体所形成的隧道结中，两侧的超导波函数会穿过绝缘层彼此重叠，使库珀对可以隧穿通过绝缘体层。1963 年，Anderson 等人在锡 - 氧化锡 - 铅隧道结中观测到了超导隧穿电流，证实了约瑟夫森效应。约瑟夫森效应具有广泛的应用，如超导量子干涉仪（SQUIDs）、超导单电子晶体管等。

1979
重费米子超导体与有机超导体

重费米子材料往往具有很强的磁性，通常，人们认为磁性的存在不利于超导形成。1979 年，德国 Steglich 研究组在重费米子材料 $CeCu_2Si_2$ 中发现了超导行为。在此类超导体中，磁性不但不会阻碍超导态的形成，反而会作为电子配对的"胶水"参与超导的产生。同样在 1979 年，丹麦 Bechgaard 研究组在有机盐 $(TMTSF)_2PF_6$ 中首次发现了有机物的超导电性，开启了有机超导体的探索。除有机盐外，C_{60}、碳纳米管、石墨与石墨烯等碳单质超导体也逐渐被发现，扩充了超导材料的种类。

1986
铜氧化物超导体的发现

1968 年，Bardeen 的学生 McMillan 基于 BCS 理论提出，超导体在常压下的临界温度不会超过 39 K，即麦克米兰极限。1986 年，瑞士苏黎世 IBM 公司的 Bednorz 和 Müller 在铜氧化物陶瓷材料 Ba-La-Cu-O 体系中发现了超导电性，其临界温度高达 35 K。一个月后，日本物理学家 Uchida 测定了该材料的磁化率，验证了该体系具有迈斯纳效应。该结果迅速引发了全世界对铜氧化物超导体的研究热潮。随后，超导转变温度超过麦克米兰极限 39 K 的超导材料被不断创造出来。1987 年，美国休斯敦大学朱经武和中国科学院物理研究所赵忠贤团队分别独立发现在 Y-Ba-Cu-O 体系存在 90 K 以上的超导转变温度，首次将超导转变温度（T_c）提高至液氮温区以上。目前，铜氧化物材料最高 T_c 纪录为 164 K，由朱经武团队在高压下的 $HgBa_2Ca_{m-1}Cu_mO_{2m+2+\delta}$ 中创造。

2008
铁基高温超导体的发现

2008 年，日本 Hosono 研究团队在氟掺杂的 La-Fe-As-O 体系中发现了超导电性，其 T_c 为 26 K。同年，赵忠贤研究团队通过 Sm 替代 La 将该体系超导转变温度提高至 57 K，超过了麦克米兰极限。铁基超导体成为继铜氧化物超导体后人们发现的第二个高温超导体系。除 1111 体系外，铁基超导体还包括 122 体系（如

BaFe$_2$As$_2$)、111 体系（如 LiFeAs）和 11 体系（如 FeSe）。中国科学家在铁基超导研究中做出了突出的贡献。

2012
单层 FeSe 薄膜的界面超导增强效应

得益于材料制备技术的发展，如分子束外延生长（MBE）、脉冲激光沉积（PLD）等，科学家实现了原子级尺度上精确控制的材料生长。2004 年，Hwang 等人通过外延生长 LaTiO$_3$ 和 SrTiO$_3$ 双层结构，发现在该异质结界面处形成了高迁移率的导电层。随后 Mannhart 等人在 LaAlO$_3$ 与 SrTiO$_3$ 界面观测到了超导电性。

2012 年，清华大学薛其坤研究团队成功在 SrTiO$_3$ 衬底上制备了高质量的单层 FeSe 薄膜，并发现其超导转变温度相比体相 FeSe 的 9 K 有显著提升。谱学表征其转变温度可达 65 K。由此开辟了界面高温超导新的研究方向。

2015
氢化物高压超导

在超导材料的研究中，高压是一种重要的调控手段。通过施加高压，可在减小材料体积的同时增大电子浓度，甚至改变晶格振动的频率，有利于提升材料的超导转变温度。科学家在高压下的氢化物材料体系中发现了超导电性。2015 年，Drozdov 等人在 155 GPa 压力下的 H$_2$S 中观测到了超导转变，磁化率测量数据表明其超导转变温度高达 203 K。2018 年，Somayazulu 等人发现 LaH$_{10}$ 材料在 188 GPa 下的超导转变温度可达 260 K。

2019
镍基超导

受铜氧化物超导的启发，1998 年，瑞士科学家 Rice 及其合作者从理论上预言镍氧化物可能具有超导电性。2019 年，斯坦福大学 Hwang 团队首次在镍氧化物中发现了超导电性，其临界温度可达 15 K。

2023 年 7 月，中山大学王猛研究团队与清华大学的张广铭教授在实验和理论上深度合作，发现 La$_3$Ni$_2$O$_7$ 在高压环境下，能够实现高达 80 K 的超导转变温度。这是首个转变温度超过液氮沸点的镍基超导体。

5.2 超导研究，盛宴正酣

超导材料在低温下会表现出零电阻性和抗磁性。自 1911 年超导被发现以来，科学家对其进行了大量研究。相比于常规超导体，高温超导材料具有更高的超导转变温度，但其超导的微观机制尚不清楚，是物理学研究的前沿和热点。迄今为止，诺贝尔物理学奖共 5 次授予从事超导研究的 10 位科学家。高温超导研究的核心问题包括：提高超导转变温度和探索高温超导电子配对机理等。高温超导对电力传输、量子计算、可控核聚变、数字通信、医疗设备等领域具有重要意义，其研究上的突破将带来新的科技革命。

5.2.1 超导简介

17 世纪以来，人们对物质的电磁性质进行了长期的探索：从最初的摩擦起电、磁石的吸引，逐渐形成了对电磁场系统化的描述。在电性质方面，欧姆定律描述了电子在金属中运动受到阻碍的现象。在磁性质方面，由于构成物质的原子的固有磁矩不同，物质会表现出微弱的磁性（抗磁或顺磁）与较强的铁磁性。

超导体最为独特的电磁特征就是零电阻和完全抗磁性（图 5-1[31, 32]）。尽管很多金属导体具有良好的导电性，但其电阻通常仍为有限值。完全零电阻，意味电流可畅通无阻地通过；完全抗磁性则意味着施加外磁场，超导体内部磁场始终为零。零电阻和抗磁性是超导的两个独立判据，缺一不可。

超导的零电阻特性，可应用于电力输送、电动机等能源相关领域。而抗磁性也使磁悬浮得以实现。超导作为一种宏观的量子现象，蕴含着丰富的物理知识，是最前沿的科研方向。

5.2.2 超导研究的历史脉络

5.2.2.1 超导的发现：汞在液氦温度下的超导

最初超导现象的发现得益于低温物理技术的进步。在 1908 年，荷兰物理学家 Kamerlingh Onnes 成功将氦气液化，创造了当时最低温度的纪录（约 1.5 K）。随后在 1911 年，他利用液氦发现金属汞的电阻在 4.2 K 下（约零下 270 ℃）从一个有限的数值（约 0.1 Ω）跳变到零[1]。经过仔细确认，最终确定这是人们首次观测到的

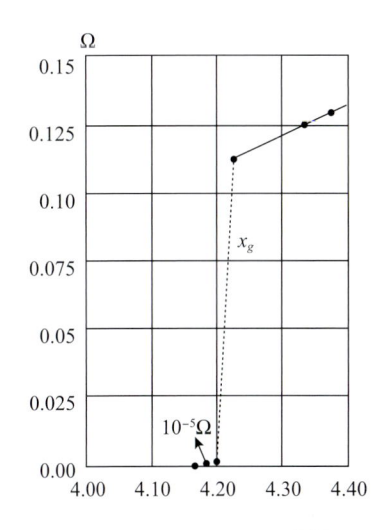

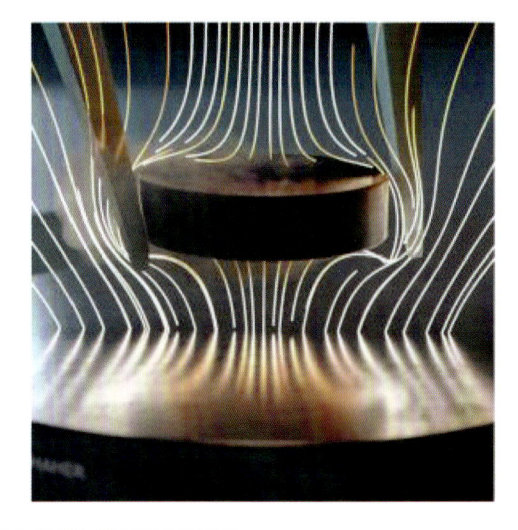

图 5-1 超导体的零电阻和完全抗磁性

左图引自：*Communications from the Physics Laboratory of the University of Leiden*[31]，右图引自：blenderartists.org[32]

零电阻现象。

1933年德国物理学家Meissner发现，在超导体外加上磁场时，磁场完全无法进入超导体内部，超导体会产生一个与之大小相等、方向相反的磁场，在内部抵消外磁场的作用[2]。如果在材料处于非超导状态时通过外磁场使材料体内有磁场，在材料进入超导态之后体内的磁场也会被完全排出。这种超导体完全排出内部磁场的现象被称为Meissner效应。Meissner效应由于无法得到当时经典电磁理论的完美解释，因此和零电阻特征一样，成为另一个描述超导体基本特征的重要现象，开启了物理学家对超导这一全新现象的研究和探索。

5.2.2.2 常规超导体的探索

随后，科学家又陆续发现，铅、铝、锌等金属都能够在低温下转变为超导体。除金属外，在常温下导电性不好的绝缘体在低温下也能够转变为超导体，如钛酸锶[3]等氧化物。更广泛地，重费米子超导体[4]、有机物超导体[5]等也被陆续发现。但这些超导体的超导转变温度都不超过40 K。

物理学家在寻找新材料中超导的同时，也在努力通过现有的物理定律描述超导中的零电阻和完全抗磁现象。这些描述性的理论被称为唯象理论，其中包括London方程[6]、Ginzburg-Landau理论等[7,8]。尽管科学家此时尚未能完全理解超导的微观机理，但是已经能够较好地描述现象，并且确定了超导态是物质中电子的一种集体行为。同时，唯象理论也为应用提供了一定的理论依据。

之后，科学家发现，将超导材料中部分元素用质量不同的同位素替代，超导会受到同位素质量的影响。这说明晶格与超导电子的相互作用十分关键。基于该思路，三位物理学家Bardeen、Cooper、Schrieffer给出了超导的微观机制——BCS理论（图5-2[33]）。BCS理论的核心是两个动量和自旋均相反的电子两两配对形成"库珀对"[9]，这样两两配对的电子能够没有能量损失地集体运动，从而形成超导。在周期性晶格中，电子经过会使晶格发生形变。形变的晶格会吸引下一个经过的电子，因此两个先后经过的电子就通过晶格作为中介形成了吸引作用并形成配对电子对。

BCS理论对于超导微观机理最重要的贡献是电子对能够整体步伐一致地在材料中不受阻

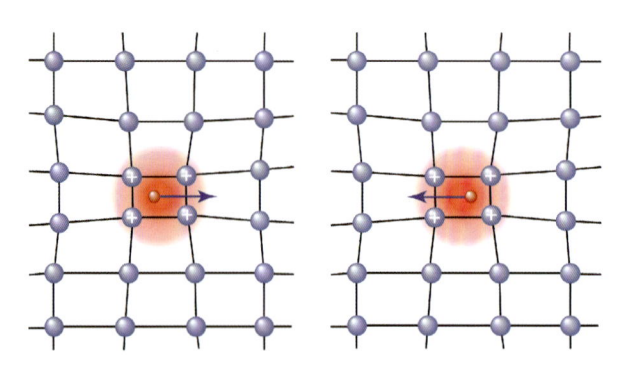

图5-2 超导微观机理——BCS理论

引自：*Zeitschrift für Naturforschung B*[33]

碍地运动。BCS理论非常好地解释了在当时已知材料中所观测到的超导现象，并且也能够大致给出不同材料的超导转变温度（T_c）。在BCS理论中，电子配对的"胶水"是晶格振动，振动频率越高，T_c也越高。基于此，在自然界存在的材料中，可能会存在晶格振动频率的极限，也就是T_c的极限（麦克米兰极限～40 K）。存在这样的极限将制约超导的实际应用。

5.2.2.3 非常规超导的发现：铜氧化物

1986年，超导研究迎来重大突破，德国物理学家贝德诺尔茨（Bednorz）和瑞士物理学家穆勒（Müller）另辟蹊径地在原本绝缘的氧化物体系Ba-La-Cu-O中发现了转变温度高于30 K的超导体[10]。随后，美国朱经武团队和中国赵忠贤团队独立发现了转变温度高于液氮（77 K）的铜氧化合物超导体Ba-Y-Cu-O[11, 12]，引发了铜基高温超导研究的热潮。更多的铜基高温超导材料陆续被发现，现在，其转变温度已超过160 K。在常压下，T_c超越麦克米兰极限的超导体，被称为非常规超导体。其电子配对的"胶水"可能不仅仅是晶格振动。

铜氧化物超导材料的共同特点是具有层状结构，超导发生在其中的Cu-O层，而Cu-O层两侧有La/Ba层、La/Sr层或Bi-Sr-Ca-Cu-O体系中的Bi/Sr层和Ca插层（图5-3[13]）。铜氧化物的超导敏感地依赖于氧含量。随着氧含量的变化，载流子会被调控，出现除超导态之外的其他复杂电子相，如反铁磁、赝能隙、奇异金属、费米液体等[13]。这些复杂相与超导态之间的相互作用，是超导研究的重要课题。

5.2.2.4 铁基超导体

继铜氧化物超导体之后，另一类非常规超导体——铁基超导体也进入了科学家的视野。2008年，日本的细野秀雄研究团队在LaFeAsO体系中发现了26 K的超导转变[14]。中国科学家在铁基超导研究中做出了非常重要的贡献。这些材料都有四方结构的Fe^{2+}层，类似于铜氧化物中的Cu-O层。Fe^{2+}离子与上下两侧的硫族或磷族原子形成四面体结构，这种As-Fe-As/Se-Fe-Se结构在铁基超导体系中起到决定性的作用。

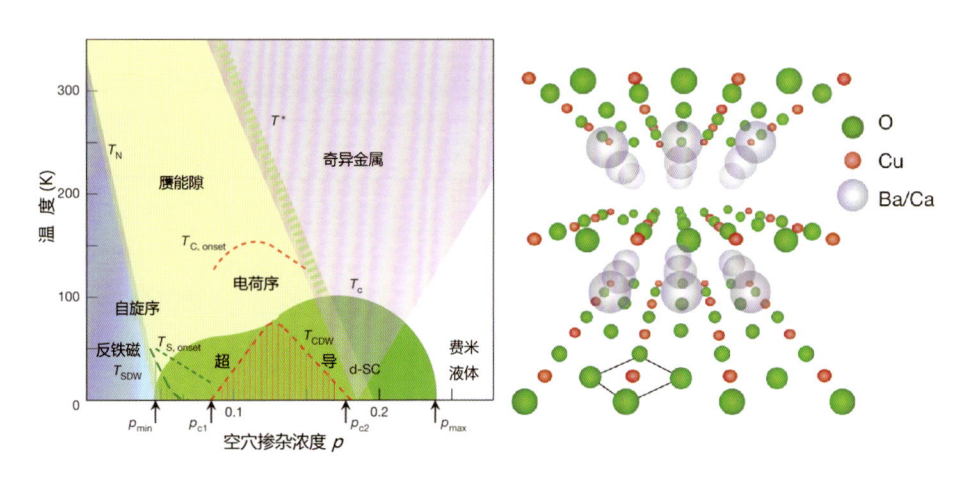

图5-3 铜氧化物超导体相图和结构

引自：《自然》（Nature）[13]

铁基超导体系中由于磁性原子铁的存在，导致较强的磁矩相互作用和反铁磁有序结构[15]。反铁磁序与超导的相互作用是该体系研究的重要问题。

5.2.2.5 界面高温超导

2012 年，清华大学薛其坤团队使用分子束外延生长技术，在 $SrTiO_3$ 上成功制备了单分子层 FeSe 薄膜[16]，并在谱学上观测到 65 K 以上的超导转变[17, 18]。该研究开辟了用分子束外延生长构建界面超导的新方向。

5.2.3 超导研究的核心问题

5.2.3.1 超导转变温度的提升

从 1911 年发现汞的超导以来，科学家一直在尝试寻找不同的超导材料、提高超导的转变温度。利用 BCS 理论，麦克米兰给出了不同材料超导转变温度的经验公式[19]，并预测超导转变温度有一个约 40 K 的上限。接近麦克米兰极限的材料之一是 MgB_2，其超导转变温度为 39 K[20]。在从超导被发现的 1911 年到 1986 年这 75 年中，从未有能够突破麦克米兰极限的超导材料。

铜氧化物高温超导体的发现引发了物理学家对高温超导的研究兴趣。铜氧化物体系的超导转变温度不仅突破了 40 K 的麦克米兰极限，而且进入了液氮温区（77 K），使超导的应用成为可能。

铁基超导提供了高温超导研究的另一模板。在 LaFeAsO 体系被发现后，中国科学家通过 Sm 元素替代 La 元素掺杂的方式将铁基超导体的转变温度提高到了 57 K[21]，突破了麦克米兰

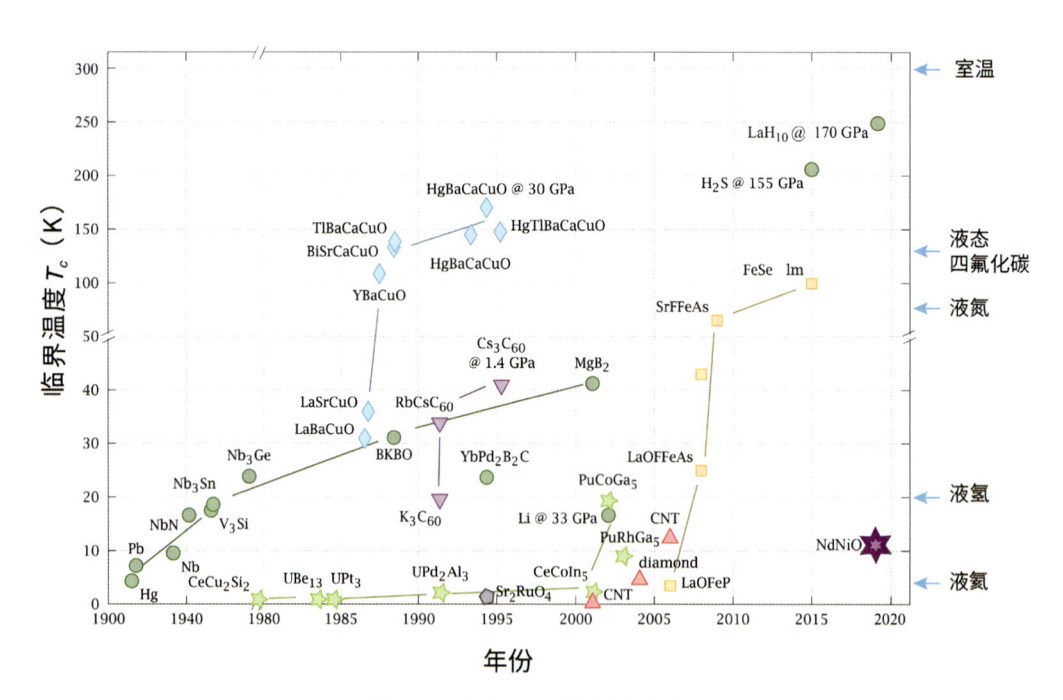

图 5-4 超导材料转变温度时间线

引自：维基百科[34]

极限。近年来，科学家还发现了镍基超导材料等新体系[22]。

高压环境是打破麦克米兰极限、提高超导转变温度的另一方式。近年来，基于此，人们已经实现了 H_2S 和镍基体系在高压下的超导转变（T_c 分别是 203 K 和 80 K）[22, 23]。

在超导研究的一百多年的历史中，其转变温度的纪录不断被刷新（图 5-4[34]）。一方面，更高的转变温度使超导能在更易达到的温度条件下实现；另一方面，突破麦克米兰极限意味着原有的 BCS 理论不足以解释高温超导。物理学家一直在尝试研究高温超导的微观机理，高温超导被称为"当代科学的明珠"。

5.2.3.2 超导机理的探索

BCS 理论解释了常规超导体电子配对的微观机制——晶格振动，但该机制无法解释非常规高温超导体。探索其他可能的电子配对的"胶水"成为高温超导研究中最为核心的问题。

铜氧化物多是陶瓷材料，具有较强的电子-电子相互作用，在常温下为反铁磁的绝缘态，对其掺杂会诱导出超导电性。这种强相互作用，使晶格中的电子被束缚在原子周围无法自由运动。在 BCS 理论的框架下，这种电子-电子之间的强关联作用不利于电子配对产生超导。另外，需要考虑大数量电子的集体行为和相互关联作用，并引入到新的理论中。强关联体系中非常规超导体的微观机理是超导研究的前沿领域之一。

对于铁基超导体，其广泛存在的反铁磁结构被认为是超导产生的重要基础。但长程的磁有序结构并不利于超导产生，需要通过抑制长程磁序（如通过掺杂）后超导才会出现。在铁基超导体中，电子配对的机制、超导和反铁磁序的相互作用等问题都仍需要物理学家的进一步研究和探索。

近年来，清华大学薛其坤研究团队将分子束外延生长、范德瓦尔斯堆垛技术、低温扫描隧道显微镜、超导约瑟夫森结输运探测等相结合，开展了判定高温超导配对波函数对称性的实验，推动了该方向理论和实验上的新发展。

5.2.3.3 新的生发点：超导和拓扑的结合

拓扑最初是描述几何体在不割断和粘合的情况下连续变形的过程。两个能够通过连续变形相互转化的几何体是拓扑等价的。最简单的例子是一个球体和甜甜圈是不能够通过连续变形相互转化的，它们是拓扑不等价的。当拓展到凝聚态物理领域时，拓扑被用于描述不同材料的能带结构能否通过连续形变相互转化。简单来说，一些材料的能带性质类似于球体，另一些则类似于甜甜圈，因此，可以用拓扑不变量对材料进行分类。当两个拓扑不等价的材料相接触，在接触面或接触边界上会形成只在界面上存在的态。这些表面态的性质往往和体态的性质不同，如有一种材料被称为拓扑绝缘体，其体内绝缘，但表面导电。拓扑绝缘体的表面态引起了广泛的研究，导致了量子自旋霍尔效应、量子反常霍尔效应等重要发现。

当非平庸的拓扑性质和超导同时存在时，会出现拓扑超导及 Majorana 束缚态（MBS）等新奇物理现象。拓扑超导可通过两种方式实现，一是将拓扑绝缘体和超导体这两种不同的材料相互接触,在其接触的界面,电子兼具两者的特性——拓扑与超导[24];二是单一材料同时具备超导和非平庸的拓扑电子结构,在界面上完成"自近邻"。这两种方式在实验上获得了验证[25, 26]。拓扑超导的研究为拓扑量子计算提供了基础。

5.2.4 超导的应用

5.2.4.1 超导量子干涉仪

利用超导体间夹绝缘体的方式可制成约瑟夫森结。当中间的绝缘体足够薄时,超导电子就能够从其中穿过,形成隧穿电流。隧穿电流对磁场极为敏感,两个超导约瑟夫森结形成的环路可制成超导量子干涉仪(SQUID)[27],完成精密的磁场测量。SQUID 的精度可达地磁场的几亿分之一[28]。超导约瑟夫森结制成的超导元件,也是超导量子计算的基础。

5.2.4.2 超导磁体、核磁共振仪

超导无衰减、不发热的特点使得利用超导线圈能够产生稳定的高强度磁场,这对基础物理研究及核磁共振仪等都有重要意义。医院中磁场强度在 1.0 T 以上的核磁共振仪普遍采用超导磁体作为产生磁场的方式。

5.2.4.3 超导线材和超导电子器件

超导线材在输电过程中没有发热损耗,可解决未来能源问题。利用超导材料制成的超导滤波器能够提高通信质量,减少噪声影响,对远距离通信和遥感等有重要意义。

5.2.4.4 超导材料应用的困难

目前,超导材料的大规模应用仍停留在设想中,其实际应用面临种种困难。对于金属类超导材料,它们大都需要在液氦温区才能够进入超导态。这样严苛的低温条件使这类材料很难大规模应用。如医院中核磁共振仪需依靠液氦维持低温,费用昂贵。

对高温超导体系,其应用主要受限于可延展性差及临界电流、临界磁场小。目前制备的铜氧化物超导体一般都是小碎片和小结晶的状态,力学性能较差。铜氧化物超导体的制备须严格控制其氧含量,还需要考虑超导的各向异性等问题。另外,当超导体中的电流或外磁场超过临界值时,超导会被破坏。较小的临界电流和临界磁场限制了超导材料性能的发挥。

铁基超导体相比铜氧化物超导体有一定的优势[29, 30]。铁基超导体的各向异性更小,制备更容易,延展性更好,同时也具有更高的临界电流和临界磁场。但铁基超导体系的超导转变温度基本没能突破液氮温区,限制了其应用。

未来,超导的大规模应用将带来新的技术革命,改变我们生活的方方面面。除以上介绍的之外,超导量子计算、基于超导磁约束的可控核聚变等将在能源、军事、通信、国家安全等领域发挥重要作用(图 5-5[35])。

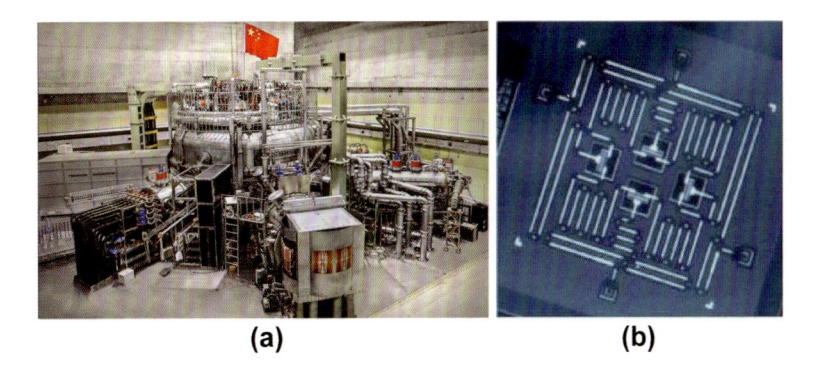

图 5-5 超导的应用

（a）托卡马克全超导热核聚变反应堆；（b）超导量子计算

（a）图引自：中国科学院合肥物质科学研究院等离子体物理研究所，（b）图引自：*Nature Communications*[35]

符达然、阎敬铭、贾桂昊、彭毓聪、郭云锴、李渭

参考文献

[1] Onnes H K. Further experiments with liquid helium[J]. *Proceedings of the Koninklijke Akademie Van Wetenschappen Te Amsterdam*, 1911, 14: 204-210.

[2] Meissner W, Ochsenfeld R. Short initial announcements[J]. *Naturwissenschaften*, 1933, 21: 787-788.

[3] Koonce C, Cohen M, Schoolcy J, ct al. Superconducting transition temperatures of semiconducting SrTiO$_3$[J]. *Physical Review*, 1967, 163(2): 380.

[4] Lieke W, Rauchschwalbe U, Bredl C B, et al. Superconductivity in CeCu$_2$Si$_2$[J]. *Journal of Applied Physics*, 1982, 53(3): 2111-2116.

[5] Jérome D, Mazaud A, Ribault M, et al. Superconductivity in a synthetic organic conductor (TMTSF)$_2$PF$_6$[J]. *Journal de Physique Lettres*, 1980, 41(4): 95-98.

[6] London F, London H. The electromagnetic equations of the superconductor[J]. *Proceedings of the Royal Society of London Series A-Mathematical and Physical Sciences*, 1935, 149(A866): 0071-0088.

[7] Abrikosov A A. On the magnetic properties of superconductors of the second group[J]. *Soviet Physics JETP-USSR*, 1957, 5(6): 1174-1183.

[8] Ginzburg V L. On the Theory of Superconductivity[J]. *Il Nuovo Cimento (1955-1965)*, 1955, 2: 1234-1250.

[9] Bardeen J, Cooper L N, Schrieffer J R. Microscopic Theory of Superconductivity[J]. *Physical Review*, 1957, 106(1): 162-164.

[10] Bednorz J G, Muller K A. Possible High-Tc Superconductivity in the Ba-La-Cu-O System[J]. *Zeitschrift Fur Physik B-Condensed Matter*, 1986, 64(2): 189-193.

[11] 赵忠贤，陈立泉，杨乾声，等. Ba-Y-Cu 氧化物液氮温区的超导电性[J]. 科学通报，1987，32(6): 412-412.

[12] Wu M K, Ashburn J R, Torng C J, et al. Superconductivity at 93 K in a New Mixed-Phase Y-Ba-Cu-O Compound System at Ambient Pressure[J]. *Physical Review Letters*, 1987, 58(9): 908-910.

[13] Keimer B, Kivelson S A, Norman M R, et al. From Quantum Matter to High-Temperature Superconductivity in Copper Oxides[J]. *Nature*, 2015, 518(7538): 179-186.

[14] Kamihara Y, Watanabe T, Hirano M, et al. Iron-based Layered Superconductor La[$O_{1-x}F_x$] FeAs (x= 0.05−0.12) with T_c= 26 K[J]. *Journal of the American Chemical Society*, 2008, 130(11): 3296.

[15] Ma F J, Ji W, Hu J P, et al. First-Principles Calculations of the Electronic Structure of Tetragonal α-FeTe and α-FeSe Crystals: Evidence for a Bicollinear Antiferromagnetic Order[J]. *Physical Review Letters*, 2009, 102(17): 177003.

[16] Wang Q Y, Li Z, Zhang W H, et al. Interface-induced High-Temperature Superconductivity in Single Unit-Cell FeSe Films on $SrTiO_3$[J]. *Chinese Physics Letters*, 2012, 29(3): 037402.

[17] He S L, He J F, Zhang W H, et al. Phase Diagram and Electronic Indication of High Temperature Superconductivity at 65 K in Single-layer FeSe Films[J]. *Nature Materials*, 2013, 12(7): 605-610.

[18] Tan S, Zhang Y, Xia M, et al. Interface-induced Superconductivity and Strain Dependent Spin Density Waves in FeSe/$SrTiO_3$ Thin Films[J]. *Nature Materials*, 2013, 12(7): 634-640.

[19] Mcmillan W L, Rowell J M. Lead Phonon Spectrum Calculated from Superconducting Density of States[J]. *Physical Review Letters*, 1965, 14(4): 108-112.

[20] Nagamatsu J, Nakagawa N, Muranaka T, et al. Superconductivity at 39 K in Magnesium Di Boride[J]. *Nature*, 2001, 410(6824): 63-64.

[21] Ren Z A, Lu W, Yang J, et al. Superconductivity at 55 K in Iron-Based F-Doped Layered Quaternary Compound Sm[$O_{1-x}F_x$] FeAs[J]. *Chinese Physics Letters*, 2008, 25(6): 2215-2216.

[22] Sun H L, Huo M W, Hu X W, et al. Signatures of Superconductivity Near 80 K in a Nickelate Under High Pressure[J]. *Nature*, 2023, 621(7979): 493-498.

[23] Drozdov A P, Eremets M I, Troyan I A, et al. Conventional superconductivity at 203 kelvin at high pressures in the sulfur hydride system[J]. *Nature*, 2015, 525(7567): 73-76.

[24] Fu L, Kane C L. Superconducting proximity effect and Majorana fermions at the surface of a

topological insulator[J]. *Physical Review Letters*, 2008, 100(9): 096407.

[25] Nadj-Perge S, Drozdov I K, Li J, et al. Observation of Majorana fermions in ferromagnetic atomic chains on a superconductor[J]. *Science*, 2014, 346(6209): 602-607.

[26] Yuan Y-H, Pan J, Wang X-T, et al. Evidence of anisotropic Majorana bound states in 2M-WS$_2$[J]. *Nature Physics*, 2019, 15(10): 1046-1051.

[27] Jaklevic R C, Lambe J, Silver A H, et al. Quantum Interference Effects in Josephson Tunneling[J]. *Physical Review Letters*, 1964, 12(7): 159-160.

[28] Koelle D, Miklich A H, Dantsker E, et al. High-Performance Dc Squid Magnetometers with Single-Layer YBa$_2$Cu$_3$O$_{7-x}$ Flux Transformers[J]. *Applied Physics Letters*, 1993, 63(26): 3630-3632.

[29] Sato H, Hiramatsu H, Kamiya T, et al. Enhanced critical-current in P-doped BaFe$_2$As$_2$ thin films on metal substrates arising from poorly aligned grain boundaries[J]. *Scientific Reports*, 2016, 6(1): 36828.

[30] Hosono H, Yamamoto A, Hiramatsu H, et al. Recent advances in iron-based superconductors toward applications[J]. *Materials Today*, 2018, 21(3): 278-302.

[31] Onnes H K. The Discovery of Superconductivity in Mercury[J]. *Communications from the Physics Laboratory of the University of Leiden*, 1911: 122-124.

[32] Aldhaher S. Meissner Effect - Type 1 Superconductor Animation[EB/OL]. [2023-08-01]. https://blenderartists.org/t/meissner-effect-type-1-superconductor-animation/1477806.

[33] Bussmann-Holder A, Keller H. High-temperature superconductors: underlying physics and applications[J]. *Zeitschrift für Naturforschung B*, 2020, 75(1-2): 3-14.

[34] PJRay. Timeline of Superconductivity from 1900 to 2015. 维基百科 [EB/OL]. [2023-08-25]. https://commons.wikimedia.org/w/index.php?curid=46193149.

[35] Córcoles A, Magesan E, Srinivasan S, et al. Demonstration of a quantum error detection code using a square lattice of four superconducting qubits[J]. *Nature Communications*, 2015, 6: 6979.

第 6 章

类脑计算：
构建"人造超级大脑"

类脑计算是借鉴人脑信息处理方式，基于神经形态工程，创造支撑通用人工智能发展的超低功耗新型计算系统。类脑计算充分发挥神经科学与计算科学两者的优势，旨在大幅增强人类感知世界、适应世界、改造世界的智力活动能力，被认为是后摩尔时代最为重要的发展方向之一，是涵盖万亿元市场的高科技领域，将赋能各行各业极大地拓展人类的智力活动范畴，引领新一代信息技术革命，正是我国信息产业实现跨越式发展的契机。

6.1 类脑计算发展历程

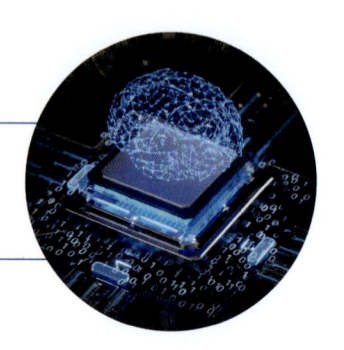

1989
类脑工程概念首次被提出

美国加州理工学院卡弗米德（Carver Mead）教授撰文提出了"类脑工程"的概念，是类脑计算的重要发展基础与前身。Mead 撰写了一本书，题目为《模拟 VLSI 与神经系统》，书中采用亚阈值模拟电路来仿真脉冲神经网络，其应用是仿真视网膜。

1990—2003
类脑计算的发展缓冲期

摩尔定律持续发展，基于冯诺依曼架构的处理器主频与性能持续增长，而类脑计算则进入 10 余年的发展缓冲期。

2003
类脑计算开始受到重点关注

单核处理器主频逐渐停止增长，设计者开始转向多核，学术界开始寻求冯·诺伊曼架构的替代技术。类脑计算经过十多年的小众研究，开始成为热点。

2004
斯坦福大学研制出类脑模拟芯片 Neurogrid

美国斯坦福大学夸贝纳·博阿恩（Kwabena Boahen）教授研制出基于模拟电路的类脑芯片 Neurogrid，旨在模拟具有层次结构、层内相邻神经元具有大量相同输入的类大脑皮层脉冲神经网络的神经形态计算系统，神经元的实现基于亚阈值状态的 MOS 电流模电路，突触连接的实现基于树形拓扑事件驱动的异步数字电路。Neurogrid 利用 16 个集成了 256×256 神经元阵列的 NeuroCore 芯片，可以实时模拟 100 万神经元和 60 亿突触连接，系统总功耗约为 3 W。

2005
曼彻斯特大学研制类脑计算机 SpiNNaker

英国曼彻斯特大学基于 ARM 开始研制支持脉冲神经网络的多核超级计算机 SpiNNaker，旨在实时仿真大规模脉冲神经网络的大规模并行类脑计算平台，计划用 65536 个 MPSoC（multi-processor system-on-chip）芯片总计 1179648 个处理器核实时仿真 10 亿神经元和 1 万亿突触连接。MPSoC 芯片采用 130 nm CMOS 工艺制造，在运行频率为 180 MHz 时功耗约为 1 W，与 SDRAM 芯片一起封装。

2005
欧盟、美国、瑞士启动"类脑芯片"相关计划

欧盟启动 FACETS（fast analog computing with emergent transient states）项目，由海德堡大学牵头研制基于模拟混合信号的类脑芯片。

美国国防部高级研究计划署（DARPA）启动 SyNAPSE（systems of neuromorphic adaptive plastic scalable electronics）项目，支持 IBM 与多家单位联合研发类脑芯片。

瑞士洛桑联邦理工学院研究者马克拉姆（Henry Markram）与 IBM 合作启动了"蓝脑计划"（blue brain project），在 IBM Blue Gene/L 超级计算机上开展尽可能逼近生物真实的大规模仿生神经网络模拟。

2008
惠普公司实现忆阻器原型

美国惠普公司实现忆阻器（Memristor）原型，能够模拟神经突触功能，并展示了首个忆阻器与硅材料的混合电路。全球人造突触热潮兴起。

2011
欧盟启动 BrainScaleS 项目

欧盟启动 BrainScaleS（brain-inspired multiscale computation in neuromorphic hybrid systems）项目，作为 FACETS 延续项目，研发大规模并行类脑计算机。BrainScaleS 的硬件系统主要为由 384 块可以相互连接的数模混合信号集成电路（ASIC）构成的晶圆尺度系统，及由 FPGA 和 DNC（digital network chip）组成的基于分组的多用途通信设施。在神经元水平可通过连接可配置的神经元结构，来实现多部分的结构化神经元和高达 64×224 的突触输入数。BrainScaleS 的目的是探索人脑信息处理的时空多尺度特性，其硬件系统应当具有良好的生物可解释性和可配置性，并且能加快仿真速度，以减少实验时间。

2012
模拟神经网络规模取得突破

"蓝脑计划"项目所模拟的最大神经网络包括 100 万个神经元与 10 亿个突触，其规模相当于蜜蜂的大脑，仿真速度是实时速度的 1/300。

2013
欧盟启动"人脑计划"，美国启动"BRAIN"脑计划

欧盟启动"人脑计划"（human brain project, HBP），由 EP-FL 的 Henry Markram 牵头，包括 6 个平台：神经信息学平台、医学信息学平台、脑仿真平台、高性能计算平台、类脑计算平台与神经机器人平台。

美国启动 BRAIN（brain research through

advancing innovative neurotechnologies）倡议，总金额 1 亿美元。BRAIN 并不直接涉及类脑计算，但是它将推动对生物脑机理的深入理解，为计算领域的研究者提供大量的实验数据与相关理论，这是类脑计算研究的重要基础。

2014
IBM 公司研制出 TrueNorth 类脑芯片

IBM SyNAPSE 项目推出了 TrueNorth 芯片，是一款基于三星的 28 nm LPP CMOS 工艺技术制造的包含 5.4 亿个晶体管的同步与异步混合设计的全数字脉冲神经网络芯片。其中包含了 4096 个神经突触核心，每个核心包含了 256 个神经元和 6.4 万个突触，合计约 100 万个神经元和 2.56 亿个突触。其神经元模型采用了 LIF（leaky integrate and fire neurons），即漏整合后发放神经元模型。这是一种简化了很多生理细节的简化版的 HH（hodgkin huxley）模型，但相较于 HH 模型 LIF 模型在计算上却是十分高效的。该芯片的峰值计算性能为 58 GSOPS，峰值计算能耗为 400 GSOPS/W。并且该芯片具有很好的扩展性，能通过外部连接组成更加复杂的硅基神经网络系统，目前 IBM 已使用芯片组成单片、4 片和 16 片等系统。

2016—2017
IBM 苏黎世研究院研制出世界首个人工相变神经元

IBM 苏黎世研究院制造出脉冲神经元，这种人工神经元使用相变材料，特征尺寸达到纳米级别，未来可以小到 14 nm，并且像生物神经元一样具有随机性。2017 年，英特尔发布了首款名为 Loihi 的自主学习神经拟态研究芯片，与训练人工智能系统的通用计算芯片相比，Loihi 芯片的能效提升了 1000 倍。

2019—2020
清华大学首次提出异构融合类脑计算研究范式

清华大学类脑计算研究中心研发的世界首款异构融合类脑计算芯片 Tianjic（天机芯）登上 Nature 杂志封面。Tianjic 芯片以多模态神经计算核为基本单元，采用极易扩展的 2D-mesh 众核互联结构，在 14 平方毫米硅片上集成了 1000 万精度可变的突触。构建了一套层次化、连贯的、开放的设计、模拟和应用工具链软件，可以支持从应用层面 SNN 和 ANN 网络算法到芯片硬件的映射实现。2020 年，清华大学计算机系张悠慧团队首次提出的"类脑计算完备性"填补了完备性理论与相应系统层次结构方面的空白。这一成果标志着清华大学在类脑计算领域的国际领先地位。

2021
"中国脑计划"正式启动

科技部发布《科技创新 2030 "脑科学与类脑研究"重大项目》，国家拨款经费预算近 32 亿元，整体规模预计可达到百亿元甚至千亿元级别。中国脑计划以"脑认知功能解析"为核心，以"理解脑、修复脑、模拟脑"为目标，确定了"一体两翼"的发展战略。其中"一体"指解析大脑认知功能原理，"两翼"分别指认知障碍相关重大脑疾病诊治和类脑计算/脑机智能发展。对脑认知原理从分子细胞、功能环路、全脑网络到认知行为的多尺度研究，不仅可以促进认知障碍相关脑疾病的发病机制解析，而且也为类脑计算与脑机智能的原理模拟打下坚实的理论基础；同样，脑疾病和类脑计算等领域的研究也可以为脑认知原理解析提供人脑研究的线索和新型神经调控技术；而脑机智能的发展则可以为认知障碍相关脑疾病的研究提供智能诊断、治疗和康复技术。三者相辅相成，为中国脑计划提供了源源不断的前进动力。

2023
清华大学在忆阻器存算一体芯片取得重大突破

清华大学钱鹤教授、吴华强教授带领团队设计出适用于忆阻器存算一体的高效片上学习的新型通用算法和架构（STELLAR），研制出全球首颗全系统集成的、支持高效片上学习的忆阻器存算一体芯片。相同任务下，该芯片实现片上学习的能耗仅为先进工艺下专用集成电路（ASIC）系统的1/35，同时有望实现75倍的能效提升。

6.2 类脑机器人学：过去、现在与未来

自然环境无时无刻不在变化之中，如何让机器人能够像人一样快速适应不断变化的复杂多样化的环境成为机器人领域内亟待解决的挑战性难题。为机器人创造一个像人脑一样聪明、高效、自适应的通用智能大脑一直是机器人领域研究的前沿热点方向。类脑机器人学是研究大脑通用智能原理与机器人类脑通用智能的交叉学科，旨在借鉴大脑通用智能神经机理创造像人脑一样聪明、高效、自适应的类脑机器人通用智能技术，是发展通用智能机器人的最具潜力的技术路径之一，将成为智能时代的前沿颠覆性创新技术。本章重点介绍类脑机器人学的基本概念和研究体系，分析类脑机器人学的代表性研究进展，并展望类脑机器人学未来的发展。

6.2.1 引　言

智能机器人已在物流、安防、交通等诸多领域得到应用，特别是在危险、污染等挑战性环境中，已成为协助人类完成一些高风险任务的得力助手。但自然环境无时无刻不在快速变化之中，如何让机器人能够像人一样适应复杂变化的环境成为该领域亟待解决的难题[1]。在自然界中，人和动物都具有非常卓越的适应复

杂变化场景的能力。近年来，随着脑科学与类脑智能、机器人、计算机等技术的发展，借鉴大脑高级认知神经机理所发展的类脑机器人技术为解决机器人环境适应性难题提供了新的理论基础。大脑多模态的时空感知、高效的时空编码、连续的时空学习、动态的时空记忆、灵活的时空决策推理、丰富的情感认知等神经机制，是人类具备强适应能力的重要神经基础。这些神经科学领域的重要发现，也为研发具备高能效、强适应能力的类脑机器人技术提供理论支撑。类脑机器人学成为发展机器人类脑通用智能的颠覆性前沿技术，对发展通用智能机器人具有非常重要的意义。

6.2.2 类脑机器人学基本概念

类脑机器人学（brain inspired robotics）是一门研究大脑智能原理与类脑机器人智能的交叉学科，涉及脑科学与类脑智能、机器人学、计算机科学等交叉学科方向[2-6]。通过借鉴生物大脑感知、学习、记忆、导航、决策、推理、情感等认知功能神经机理，在与生物大脑同等资源条件下，利用类脑感知、计算、记忆芯片等新型类脑硬件，通过类脑神经网络计算模型，实现机器人多模态时空感知、连续时空学习、动态时空记忆、灵活时空推理决策、丰富情感认知等高级智能功能，能够让机器人像生物大脑一样具备鲁棒可靠、安全可信、适应环境、独立运行、功耗极低、效率极高、普适易用、高度智能的轻量化自主智能能力。类脑机器人学的研究思路如图 6-1 所示，通过深度借鉴大脑智能的神经机理，通过类脑芯片与类脑模型算法软硬件深度结合的实现方式，构建一套类脑通用智能机器人大脑系统，可广泛应用到各

图 6-1 类脑机器人学研究思路

种形态的机器人本体上,支撑各领域机器人应用。

6.2.3 类脑机器人学研究体系

类脑机器人学的研究包括类脑机器人基础理论、基础硬件、基础软件、模型算法、应用系统、解决方案等方向,如图 6-2 所示。脑科学关于大脑感知、学习、记忆、导航、推理、决策、情感等神经机制的重要发现,为研究类脑机器人智能提供了理论基础。近年来,借鉴大脑视觉、听觉、嗅觉、触觉等神经机制发展的新型类脑视觉传感器、类脑听觉传感器、类脑嗅觉传感器、类脑触觉传感器等为研究类脑机器人感知技术提供了新型类脑传感器。此外,借鉴大脑信息处理基本原理发展的新型类脑计算芯片,为构建高能效、高并行、低延时的机器人计算处理提供了新型类脑计算硬件。结合类脑传感器和类脑计算芯片等硬件特性,借鉴大脑认知神经机理,利用类脑神经网络实现类脑机器人智能模型算法,让机器人具备类脑感知力、类脑思考力和类脑行动力。在类脑软硬件基础上,可面向领域需求研制类脑机器人应用系统及解决方案,让类脑机器人技术落地应用,解决实际应用场景中的迫切需求。

6.2.4 类脑机器人学研究进展

6.2.4.1 类脑机器人理论方法

类脑机器人学起步于 Grey Walter 教授在 1940 年前后发明的机器人 Tortoises。Tortoises 机器人是一对机器人,分别被称作 Elsie 和

图 6-2 类脑机器人学研究体系

Elmer。在这两个机器人上集成了通过简单模拟电路控制的光学传感器和障碍检测器。根据光电传感器的信号来调整方向盘，能够使Tortoises机器人朝光源方向运动。如果机器人外壳接触到障碍物，机器人就会向后退并绕开障碍物。当Elsie机器人的电量过低时，它会返回到自身被光源所标识的充电桩进行充电。Elsie和Elmer机器人展示了机器人与环境交互的重要性，尽管这两个机器人仅仅利用一种小的、简单的神经系统来进行控制，但却实现了真实的智能行为。

Jeffrey Krichmar在2005年研制了一款Darwin Ⅶ机器人，能够通过神经网络模型来控制机器人的行为。Tony Prescott在2007年研制了一款Whiskerbot机器人，通过模拟大鼠的胡须触觉机制，开发了一种类脑感知-运动的触觉机器人系统，能够让机器人通过人工胡须进行触觉感知环境。Michael Milford在2004—2013年研制了一套面向二维环境的类脑机器人定位、建图与导航系统RatSLAM[7]，并发布了开源版本的OpenRatSLAM系统，以支持机器人在二维空间中进行基于视觉的定位、建图和导航功能。该系统借鉴了大脑海马-内嗅皮层等脑区中位置细胞、网格细胞、头朝向细胞等神经机理。清华大学类脑计算研究中心施路平教授团队在此基础上借鉴大脑三维位置细胞、三维网格细胞、三维头朝向细胞等功能机制，研制出一套面向三维环境的类脑机器人同步定位与制图系统NeuroSLAM[8]。此外，一些学者围绕类脑机器人控制、定位、场景理解、避障等方面开展了一系列研究[2-6, 9]。

6.2.4.2 类脑传感器

借鉴大脑感知神经机理所发展的类脑传感器技术为机器人进行高效、可靠的空间感知提供了新型传感器硬件。施路平教授团队提出了一种基于视觉原语的互补双通路类脑视觉感知新范式[10]。该范式借鉴了人类视觉系统的基本原理，将开放世界的视觉信息拆解为基于视觉原语的信息表示，并通过有机组合这些原语，模仿人视觉系统的特征，形成两条优势互补、信息完备的视觉感知通路。基于这一新范式，该团队进一步研制出了世界首款类脑互补视觉芯片"天眸芯"。该芯片在极低的带宽和功耗代价下，实现了每秒10000帧的高速、10 bit的高精度、130 dB的高动态范围的视觉信息采集，不仅突破了传统视觉感知范式的性能瓶颈，而且能够高效应对各种极端场景，确保系统的稳定性和安全性。

此外，基于事件的神经形态相机（如DAVIS 346）、神经形态激光、神经形态雷达、神经形态听觉、神经形态嗅觉、神经形态触觉等类脑传感器，也为实现更加高效、可靠的类脑机器人感知提供了新型的类脑多模态传感器。类脑传感器在高速无人机[11]、无人驾驶[12]等机器人感知应用中展现出重要潜力。

6.2.4.3 类脑计算芯片

随着摩尔定律逐渐失效，基于冯·诺依曼架构的计算机在性能和效率方面遇到瓶颈，无法满足智能时代发展需求。类脑计算是借鉴脑科学基本原理发展的新型计算技术，是国际半导体协会推荐的后摩尔时代两个最有前途的新技术之一，是国家科技创新2030"脑科学与类脑智能研究"（中国脑计划）的核心研究内容之一。类脑计算芯片是解决智能时代各种计算挑战的关键技术。借鉴大脑信息处理基本原理所研制的新型类脑计算芯片，具有低功耗、低延时、高并行等优势，能够为类脑机器人提供高效计算处理的新型硬件支撑[13]。目前主流的类脑计算芯片包括清华大学的异构融合类脑计算芯片——天机芯[14, 15]、浙江大学的达尔文芯片、灵汐科技的 KA200、IBM 公司的 NorthPole 芯片[16]、Intel 公司的 Loihi 芯片等。

智能机器人是智能时代最重要的智能应用之一。然而，现有研究大多关注算法和软件，非常缺乏针对机器人的硬件设计。由于机器人资源有限，低功耗、低时延和多网络多任务并行是计算硬件的关键三要素。传统计算平台在这三个方面相互制约，均不适合智能机器人。针对以上挑战，施路平教授团队设计了面向智能机器人的类脑计算芯片——天机 X[17]。该芯片是全球首款面向智能机器人的类脑计算芯片，并发展了完善的软件工具链，在执行模型、芯片架构和软件工具链和机器人系统等多个层次进行了系统性创新。天机 X 具有高算力、低功耗、低延时和跨范式多网络异步并行等优势，为类脑机器人提供了一个高效计算硬件平台。

6.2.4.4 类脑机器人系统

针对机器人低功耗、高实时、高并行等多任务计算处理的需求，施路平教授团队先后利用异构融合类脑计算芯片硬件研制了多套类脑机器人研究平台，支持类脑机器人算法和软硬件系统集成测试等实验。该团队在 2019 年研制了一套类脑无人自行车原型系统[14, 18]，集成多模态传感器和类脑计算芯片硬件平台，在类脑计算芯片硬件平台上部署多种异构混合神经网络模型，实现无人自行车的感知、决策与控制功能。该系统利用天机 X 芯片上部署的多种神经网络对输入的多模态数据进行并行计算处理，实现了自行车的多种智能任务。

针对传统机器人计算平台存在的资源受限、功耗高、延时大、多网络并行处理效率低等难题，施路平教授团队在 2022 年研制了一款嵌入了类脑计算芯片的类脑无人小车系统[17]，如图 6-3 所示。在复杂动态的环境中，该系统能够利用类脑计算芯片实现机器人唤醒、听声辨位、目标识别、避障、多模态跟踪等多任务、多神经网络的异步并行执行处理。该系统采用的天机 X 芯片具有高算力、低功耗、低延时和跨范式多网络异步并行等优势。相较于世界领先的边缘芯片 Nvidia TX2，天机 X 芯片可降低 50% 的动态功耗和 90% 的延时，支持多达 32 个神经网络任务的并行处理。

图 6-3 类脑无人小车系统

另外，位置识别是人和机器人都必不可少的一项关键能力。人在非常复杂自然条件下都能很鲁棒地识别自己的位置，知道自己在哪。

但怎样让机器人能够像人一样在不同环境、不同条件下进行鲁棒、高效的位置识别，是机器人领域内面临的一个挑战性难题。施路平教授团队在 2023 年借鉴大脑位置识别神经机制，提出了一种类脑多模态混合神经网络，并将其部署在异构融合类脑计算芯片上，与类脑多模态传感器和四足机器人平台进行集成，开发了一套类脑通用位置识别系统 NeuroGPR[19]，如图 6-4 所示。该方法在天气变化、光线变化等动态场景中具有更高的鲁棒性，并且具有更低的计算延时和功耗，可用于机器人智能导航等应用中，为发展高实时、高能效、高鲁棒的类脑机器人技术提供重要支撑。

这些类脑机器人原型系统通过将类脑传感器、类脑计算芯片、类脑智能模型算法进行软硬件协同优化设计与集成，能够对机器人多任务进行高实时、低功耗、高并行的高效计算处理，在计算功耗、计算延时、多网络并行等方面展现出较大的优势，为进一步发展类脑机器人技术提供了重要支撑。

6.2.5　类脑机器人学发展展望

类脑机器人学是专门研究大脑智能原理与类脑机器人智能的交叉学科，是创造类脑机器人智能大脑最具潜力的颠覆性技术路径之一，具有巨大的发展潜力。类脑机器人学的研究需要深度融合脑科学与类脑智能、机器人学、计算机科学等交叉学科方向。目前，类脑机器人在理论方法、技术体系、应用系统等方面取得了一定进展，但还存在许多理论方法和关键技术的空白，亟须开展深度的多学科交叉融合创新，加速形成类脑机器人颠覆性创新技术体系，助力智能时代新质生产力的发展。

图 6-4　类脑四足机器人系统

余芳文

参考文献

[1] Yang G, Bellingham J, Dupont P, et al. The grand challenges of science robotics[J]. *Science Robotics*, 2018, 3(14): eaar7650.

[2] Krichmar J, Wagatsuma H. Neuromorphic and Brain-Based Robots[M]. Cambridge: Cambridge University Press, 2011.

[3] Knoll A, Gewaltig M. Brain-inspired intelligent robotics: The intersection of robotics and neuroscience sciences[J]. *Science*, 2016, 354: 1445-1445.

[4] Hwu J, Krichmar J. Neurorobotics: Connecting the Brain, Body, and Environment[M]. Cambridge, MA: MIT Press, 2022.

[5] Bartolozzi C, Indiveri G, Donati E. Embodied neuromorphic intelligence[J]. *Nature Communications*, 2022, 13: 1024.

[6] Qiao H, Wu Y, Zhong S, et al. Brain-inspired intelligent robotics: Theoretical analysis and systematic application[J]. *Machine Intelligence Research*, 2023, 20(1): 1-8.

[7] Milford M, Wyeth G F. Persistent navigation and mapping using a biologically inspired SLAM system[J]. *The International Journal of Robotics Research*, 2010, 29: 1131-1153.

[8] Yu F, Shang J, Hu Y, et al. NeuroSLAM: a brain-inspired SLAM system for 3D environments[J]. *Biological Cybernetics*, 2019,113: 515-545.

[9] Renner A, Supic L, Danielescu A, et al. Visual odometry with neuromorphic resonator networks[J]. *Nature Machine Intelligence*, 2024, 6: 653-663.

[10] Yang Z, Wang T, Lin Y, et al. A vision chip with complementary pathways for open-world sensing[J]. *Nature*, 2024, 629: 1027-1033.

[11] Paredes-Vallés F, Hagenaars J J, Dupeyroux J, et al. Fully neuromorphic vision and control for autonomous drone flight[J]. *Science Robotics*, 2024, 9: eadi0591.

[12] Gehrig D, Scaramuzza D. Low-latency automotive vision with event cameras[J]. *Nature*, 2024, 629(8014): 1034-1040.

[13] Sandamirskaya Y, Kaboli M, Conradt J, et al. Neuromorphic computing hardware and neural architectures for robotics[J]. *Science Robotics*, 2022, 7: eabl8419.

[14] Pei J, Lei Deng, Sen Song, et al. Towards artificial general intelligence with hybrid Tianjic chip architecture[J]. *Nature*, 2019, 572: 106-111.

[15] Zhang Y, Qu P, Ji Y, et al. A system hierarchy for brain-inspired computing[J]. *Nature*, 2020, 586: 378-384.

[16] Modha D S, Akopyan F, Andreopoulos A, et al. Neural inference at the frontier of energy, space, and time[J]. *Science*, 2023, 382: 329-335.

[17] Ma S, Pei J, Zhang W, et al. Neuromorphic computing chip with spatiotemporal elasticity for multi-intelligent-tasking robots[J]. *Science Robotics*, 2022, 7(67): eabk2948.

[18] Zou Z, Zhao R, Wu Y, et al. A hybrid and scalable brain-inspired robotic platform[J]. *Scientific Reports*, 2020, 10(1): 18160.

[19] Yu F, Wu Y, Ma S, et al. Brain inspired multimodal hybrid neural network for robot place recognition[J]. *Science Robotics*, 2023, 8(78): abm6996.

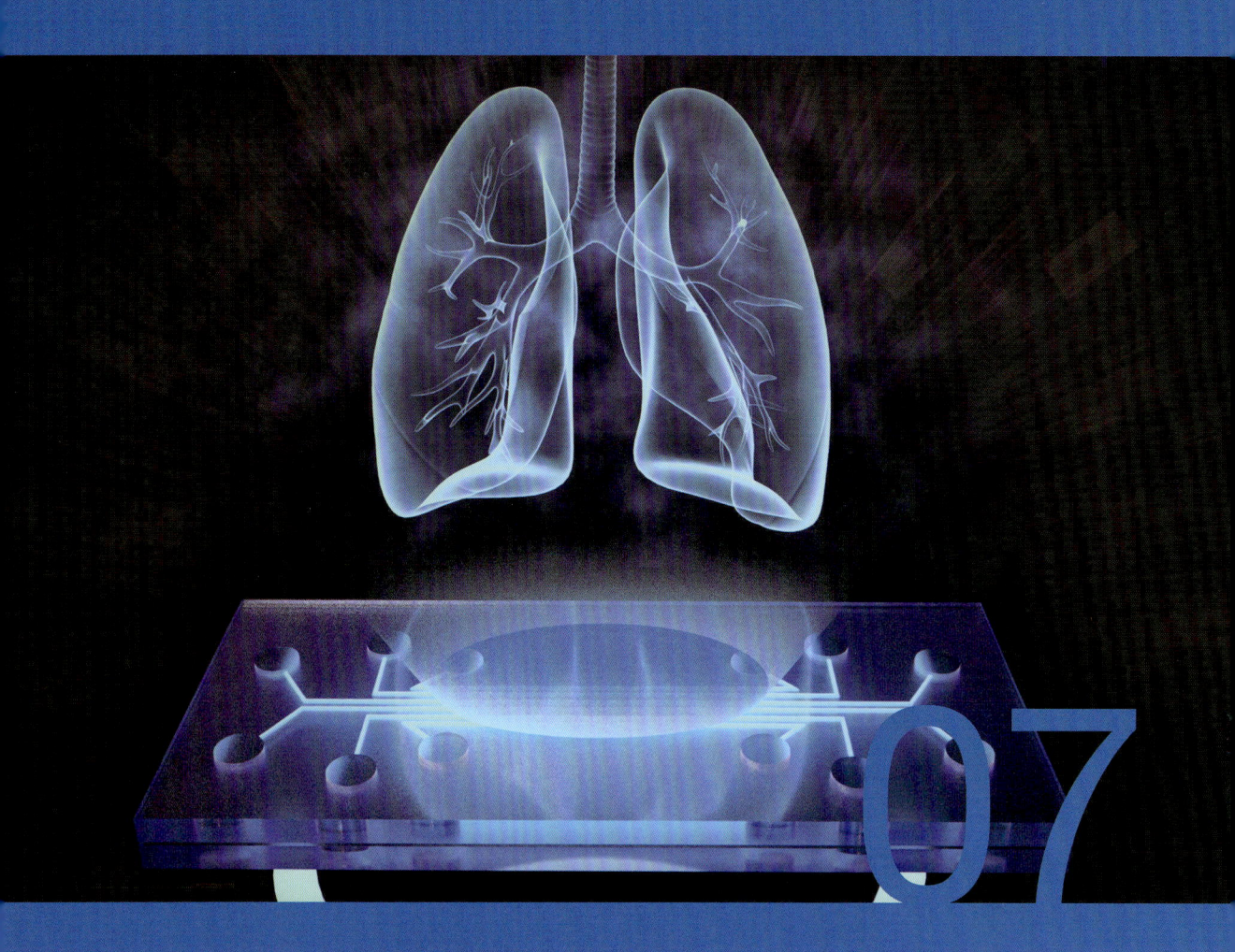

第 7 章

类器官 / 器官芯片：
生命的微观舞台，引领生物医药革新

类器官芯片是传统器官芯片在生物技术方面的延伸，指由原代组织、胚胎干细胞、诱导性多能干细胞在芯片微环境之中衍生发育的各种类器官模型，其含有某个器官特有的多种细胞类型，与人类器官拥有高度相似的组织学和基因型特征，并部分重现该器官的特有生理功能。类器官芯片旨在使类器官变得更易于操作和可控，从而尽可能全面地反映人体内部复杂的微环境。其在新药研发、疾病建模和个体化精准医疗等领域具有巨大的应用前景。

7.1 类器官 / 器官芯片发展历程

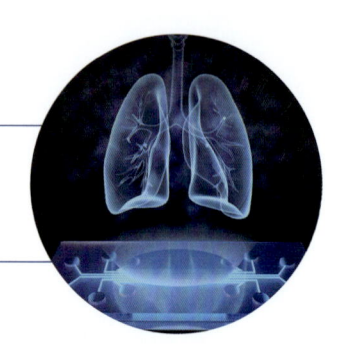

1907
海绵细胞可以自组织生成有机体

1907 年，美国北卡罗来纳大学 Henry Van Peters Wilson 教授发现机械分离的海绵细胞可以自组织，再生成一个完整的有机体。

20 世纪 90 年代初
Manz 提出微流控芯片概念

微流控芯片的概念于 20 世纪 90 年代初由瑞士 Ciba-Geigy 公司的 Manz 等提出，是指在几平方厘米的芯片上构建的化学或生物实验室，实现化学和生物学等研究领域中的样品制备、反应、分离、检测和细胞培养、分选等基本功能。

1998
Whitesides 课题组发明软蚀刻技术

美国哈佛大学的 Whitesides 课题组发明了利用弹性高分子材料的快速复制成型的微加工方法，用于微流控芯片制备，该方法被称为软蚀刻技术。

在微流控技术发展的初期，微流控芯片的制造以微电子制造及微机电系统技术为基础，其主要采用的材料为硅基板。典型的微制造工艺包括光刻、薄膜沉积和蚀刻等。然而，硅基板的价格昂贵，且材质不透明，尤其在一些需要结合光学检测的生物医学或化学分析等领域的应用受到了很大的局限性。弹性高分子材料由于其高生物相容性、低成本且可通过软刻蚀的方法进行大规模制备等优势，受到了广泛的关注。

2002
中国步入微流控芯片元年

2002 年，由大连理工大学王立鼎院士、东北大学方肇伦院士和清华大学罗国安教授牵头，在北京召开首届全国微全分析系统会议，开启了中国微流控芯片元年。

2009
Clevers 成功培养出"迷你肠道"

荷兰的乌得勒支大学 Clevers 课题组于 2009 年在体外将肠道干细胞培养成为"迷你肠道"（miniguts）结构，即"类器官"。离体的肠道干细胞或隐窝在基质胶以及多种生长因子中培养可不断增殖，并且能够分化出各种成熟细胞，可以很好地模拟体内的结构和功能。

2010
Ingber 制备"可呼吸"的肺芯片

体外模型方面，传统的细胞培养模型已渐渐不能满足科研需求，因此迫切需要新模型的变革。器官芯片是利用微型器件进行类器官或组织细胞培养的技术，具有复杂的细胞类型组成，可以从形态结构和功能方面更深入地对组织器官进行仿生，能更好地在体外模拟体内生理状态。2010年，美国哈佛大学 Ingber 课题组发布了首个肺器官芯片，其制备出的"可呼吸"的肺芯片掀起了微流控器官芯片的研发热潮。利用该装置，微血管内皮细胞与肺泡上皮细胞可以共同培养在弹性高分子材料多孔膜上，以用于模拟人肺泡毛细血管界面。同时，该装置结合气泵，可对多孔膜施加仿生循环以应变微环境。

2012
Ingber 开发经典肠道器官芯片

美国哈佛大学 Ingber 课题组开发出肠道器官芯片，提供了一个可控的平台，模拟体内相关生理微环境（包括循环机械应变、流体流动和微生物菌群的共存等），以研究肠道的关键功能。

2013
仿人体芯片首次正式纳入国家重大科学研究计划

在罗国安教授、林炳承教授的支持下，由清华大学梁琼麟教授牵头主持、包括清华大学团队和大连团队在内的8家单位合作承担的科技部新药创制重大专项课题"基于微流控芯片的新药研究开发关键技术"启动，仿人体芯片（包括单器官和多器官芯片）在药学研究和药物研发中的应用首次正式纳入我国国家重大科学研究计划。

2017
类器官入选生命科学领域年度技术

类器官入选 *Nature Methods* 生命科学领域年度技术。该技术将哺乳动物发育和组织稳态、细胞外基质生物学的知识，与干细胞培养方面不断增长的经验结合起来，将干细胞及其衍生物自组织特性引入体外人体组织模型。目前，许多器官的类器官模型已经被培育出来，如脑、肝、肾、乳腺、视网膜和胃肠道器官等。

2019
类器官被评价为"人类疾病的临床前模型"，引发 *Science* 关注

期刊 *The New England Journal of Medicine* 将类器官评价为"人类疾病的临床前模型"，详细说明了类器官在人类临床前疾病研究的潜在价值，并汇总了类器官领域重要研究成果，阐述了类器官的发展、特点、应用及其潜力。近期研究已经证明了一系列干细胞衍生的、自组织的微型器官（类器官）能一定程度重现体内器官的关键结构和功能特征。随着类器官技术开辟了生物医学研究的新领域，对类器官及其微环境的生产、控制和分析的创新工程方法的

需求正在出现。*Science* 综述中探讨了满足这一需求的器官芯片技术，并研究了如何利用这项技术来解决类器官研究中的主要技术挑战。此外，综述还讨论了类器官芯片技术发展及应用的新机遇和未来需要解决的问题。

2019
Pharm-Lab on a Chip 的概念被提出

清华大学梁琼麟课题组首次系统提出了 Pharm-Lab on a Chip（微流控芯片上的药学分析实验室）的新概念，实现了基于微纳流控技术的药物分子的合成、结构表征、活性分析及药理毒理性质评估的全链条研究。

2020
肠道类器官芯片引发 Nature 关注

肠道类器官芯片登上 *Nature*，其利用组织工程和细胞固有的自组织特性，诱导肠干细胞形成管状上皮，具有可达的管腔和与体内相似的隐窝和绒毛样结构域的空间排列。当连接到外部泵系统时，微型肠管是可灌注的。其允许连续去除死细胞以延长组织培养寿命数周，并且还能模拟宿主-微生物相互作用。

2021
基于类器官的恶性肿瘤疾病模型

科技部下发的《关于对"十四五"国家重点研发计划6个重点专项2021年度项目申报指南征求意见的通知》中，把"基于类器官的恶性肿瘤疾病模型"列为"十四五"国家重点研发计划中首批启动重点专项任务。

2022
美国通过关于器官芯片的法案

美国食品药品监督管理局（FDA）首次完全基于在类器官芯片研究中获得的临床前疗效数据，与已有的安全性数据相结合，批准一款在研疗法进入临床试验。2022年，美国参议院通过了美国食品药品监督管理局现代化法案，该法案的目标是取消联邦对新药进行动物试验的强制要求，可能在未来几年大幅减少对试验动物的使用。

美国众议院也通过一项法案，首次将器官芯片和微生理系统作为独立的药物非临床试验评估体系纳入法案，将器官芯片和细胞模型、计算机建模以及动物模型等视为同等重要的研究手段。

2023
Hans Clevers 课题组搭建基于类器官模型的 CRISPR 筛选平台

荷兰的乌得勒支大学 Hans Clevers 课题组使用优化的人肠类器官培养系统，对调控肠内分泌细胞分化的转录因子进行了筛选，结果表明，ZNF800 是一个全新的抑制肠内分泌细胞分化的转录因子。同年，该课题组还建立了新的人类脂肪肝类器官模型及基于该类器官的基因编辑（clustered regularly interspaced short palindromic repeat，CRISPR）筛选平台，并成功筛选到了治疗脂肪肝的潜在新靶点——FADS2 基因。

2023
罗氏公司成立基于类器官技术的人类生物学研究院

2023 年 5 月，罗氏公司成立基于类器官技术的人类生物学研究院（institute of human biology，IHB），以期更准确地预测药物对人体的疗效与安全性。IHB 任命类器官技术的先驱 Clevers 教授作为药理学研究部负责人，将在未来 4 年建立由 250 名科学家和生物工程学家组成的团队。

7.2 类器官/器官芯片：多学科交叉引领生物医药创新的颠覆性技术

器官芯片或类器官芯片模型有利于尽可能地接近和模拟人体实际生理病理条件下的微环境，其应用于药物有效性和安全性评价，可能会以令人难以想象的幅度加快新药发现的周期，降低新药筛选失败的风险，给新药开发带来一次革命。多学科交叉对于这一新兴前沿技术具有重要意义，可以更真实地重现体内病理/生理过程，从而为体外病理/生理机制研究及高通量药物筛选提供新视角和新平台。器官芯片或类器官芯片模型着眼于支撑国家药品质量与安全，服务重大新药创制的国家战略需求，在个性化医疗与精准医疗等方面极具发展前景，未来也必将大有可为。

7.2.1 什么是类器官/器官芯片

微流控器官芯片技术（organ-on-a-chip），是利用微流控技术（microfuidics），引入生物材料，通过模拟体外组织/器官关键特征，构建仿生模型，以研究生物问题的一种新兴技术[1]。类器官（organoid）基于干细胞三维培养、分化获得的细胞三维组装体，具有其代表器官的一些关键特性，与对应的器官拥有类似的空间组织并能够重现对应器官的部分功能[2]。类器官芯片（organoid-on-a-chip）是微流控技术与类器官技术交叉融合发展的新兴技术[3]。

7.2.2 器官芯片

在药物进入临床试验前，药效筛选与评价是药物开发的核心环节。目前常用的二维体外细胞培养模型和动物模型，在预测人类病理生理学或特定患者对药物的敏感性及药物毒性方面存在极大的缺陷[4]。为了降低药物开发的成本，必须提高临床前药物评价的有效性，尽早淘汰无效的候选药物。微流控器官芯片技术的出现有望解决常规药物筛选与评价中遇到的诸多问题。微流控技术可以在微米尺度下重建体内复杂的生理环境，所构建的仿生器官芯片模型能更真实地反映药物对组织/器官可能发生的作用，从而提高药物筛选与评价的准确性。

通过引入以水凝胶材料为主的三维支架材料，细胞可在仿生三维环境中增殖、分化并与相邻细胞相互作用。然而，组织和器官往往由具有特殊结构的功能单元构成，并且不同功能单元之间也存在相互作用，而普通的三维模型往往难以实现这样多结构、多尺度、多组分微环境的模拟。得益于微流控技术的进步，在体外进行精确的流体、机械力、结构和组分的调控成为可能。如图7-1所示，利用微流控装置，细胞可以培养在定制化的微环境中，在多组分的协同作用下，完成对组织和器官的功能的模拟，实现器官芯片的构建。通过对微流控装置进行设计，体系内还可施加仿生力学刺激，如流体剪切应力、循环应变、机械压缩等，这大大拓展了可调控的体外仿生病理生理微环境。

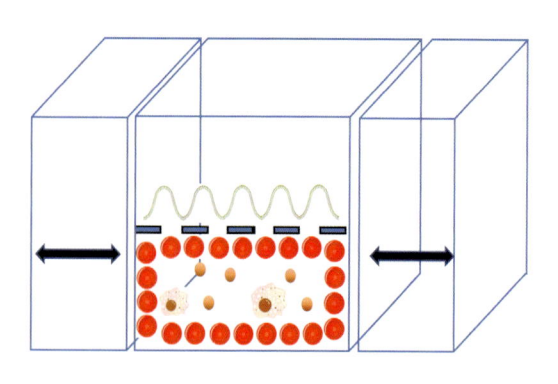

图7-1 器官芯片示意

7.2.3 类器官芯片

类器官是新型的三维细胞培养技术。它通过让体细胞自发组装成立体的结构，可以在一定程度上模拟体内微环境。类器官既可以由干细胞定向分化形成，也可以直接从人体组织中获取，在体外培养过程中通常具有组织或者器官的关键结构或功能特征，目前已经在组织器官发育、药物筛选、疾病模型建立、再生医学以及个体化医疗等多个领域显示出了巨大的应用前景。但是，现有类器官培养体系在细胞基质均一性、组织微环境可控性、类器官成熟度以及高通量分析等方面仍面临很多挑战，这在一定程度上制约了其应用。

类器官芯片是将类器官技术与器官芯片技术相结合的新兴技术。图7-2展示了一种类器官芯片，它在传统的类器官培养基础上，利用芯片平台实现了对培养环境的精准调控，可以应用于高通量培养和药物筛选等场景。

图7-2 类器官芯片
引自：清华大学梁琼麟课题组

7.2.4 不同类型的器官芯片

（1）基于二维几何结构的器官芯片。通过

在微流控芯片中设计与细胞尺度相当的特殊的微米级别几何结构,可诱导操控细胞的生长。

(2)基于多孔膜的器官芯片。基于聚二甲基硅氧烷(Polydimethylsiloxane,PDMS)多孔膜的微流控芯片不仅可以实现组织界面流体力学环境模拟、屏障功能模拟,还可以通过机械拉伸模拟体内血压或呼吸等原因所致的循环应变微环境。

(3)基于水凝胶的器官芯片。微流控技术与水凝胶材料结合可以更好地重建体内微环境。一方面,利用微流控平台,水凝胶可被引导至芯片内置微通道内,在微栏或微柱等导向结构作用下被限制在特定区域,从而实现组织和器官特定结构的模拟;另一方面,水凝胶可直接作为芯片材料,被制备成特定结构,以构建仿生微流控器官芯片。图 7-3 展示了一种应用于肠道环境的器官芯片。

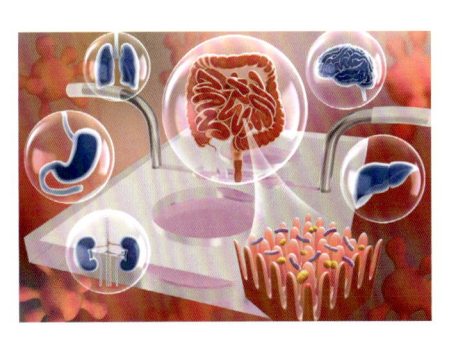

图 7-3 肠道类器官芯片
引自:清华大学梁琼麟课题组

7.2.5 类器官/器官芯片的商业化

微流控器官芯片技术已引起了产业界的关注和认同。随着微流控器官芯片技术的不断突破,许多代表性的商业化产品应运而生。例如,康奈尔大学的迈克·舒勒(Michael Shuler)课题组构建了含有源自不同器官的细胞的多腔室微流控芯片系统,并建立了芯片上的药代动力学及药效动力学模型。此技术由 Hesperos 公司进行产业化,其开发出的无泵四器官(心脏、肝脏、神经元、骨骼肌)微流控系统可对药物的毒理学和功能反应进行评价。哈佛大学 Wyss 研究所的唐纳德·英格伯(Donald Ingber)课题组开发出可模拟组织界面微环境的气动循环拉伸微流控芯片,该芯片由美国 Emulate 公司进行产业化。多伦多大学米利卡·拉蒂斯克(Milica Radisic)课题组将分化后的心肌细胞组装成微组织纤维以构建心肌芯片(Biowire),结合电刺激,心肌芯片显著改善了细胞的肌原纤维结构、促进了电传导和电生理性质。此技术由 Tara 公司进行商业化,用以开发高通量的心血管药物测试平台。

因此,微流控器官芯片具有补充甚至替代传统细胞培养和动物模型的巨大潜力,将成为可能改变基础研究及药物开发等许多领域的强有力的工具。

吴磊

参考文献

[1] Low L A, Mummery C, Berridge B R, et al. Organs-on-chips: into the next decade[J]. *Nature Reviews Drug Discovery*, 2021, 20: 345-361.

[2] Sato T, Vries R G, Snippert H J, et al. Single Lgr5 stem cells build crypt-villus structures in vitro without a mesenchymal niche[J]. *Nature*, 2009, 459: 262-265.

[3] Park S E, Georgescu A, Huh D. Organoids-on-a-chip[J]. *Science*, 2019, 364: 960-965.

[4] Ma C, Peng Y, Li H, et al. Organ-on-a-Chip: A New Paradigm for Drug Development[J]. *Trends in Pharmacological Sciences*, 2021, 42: 119-133.

08

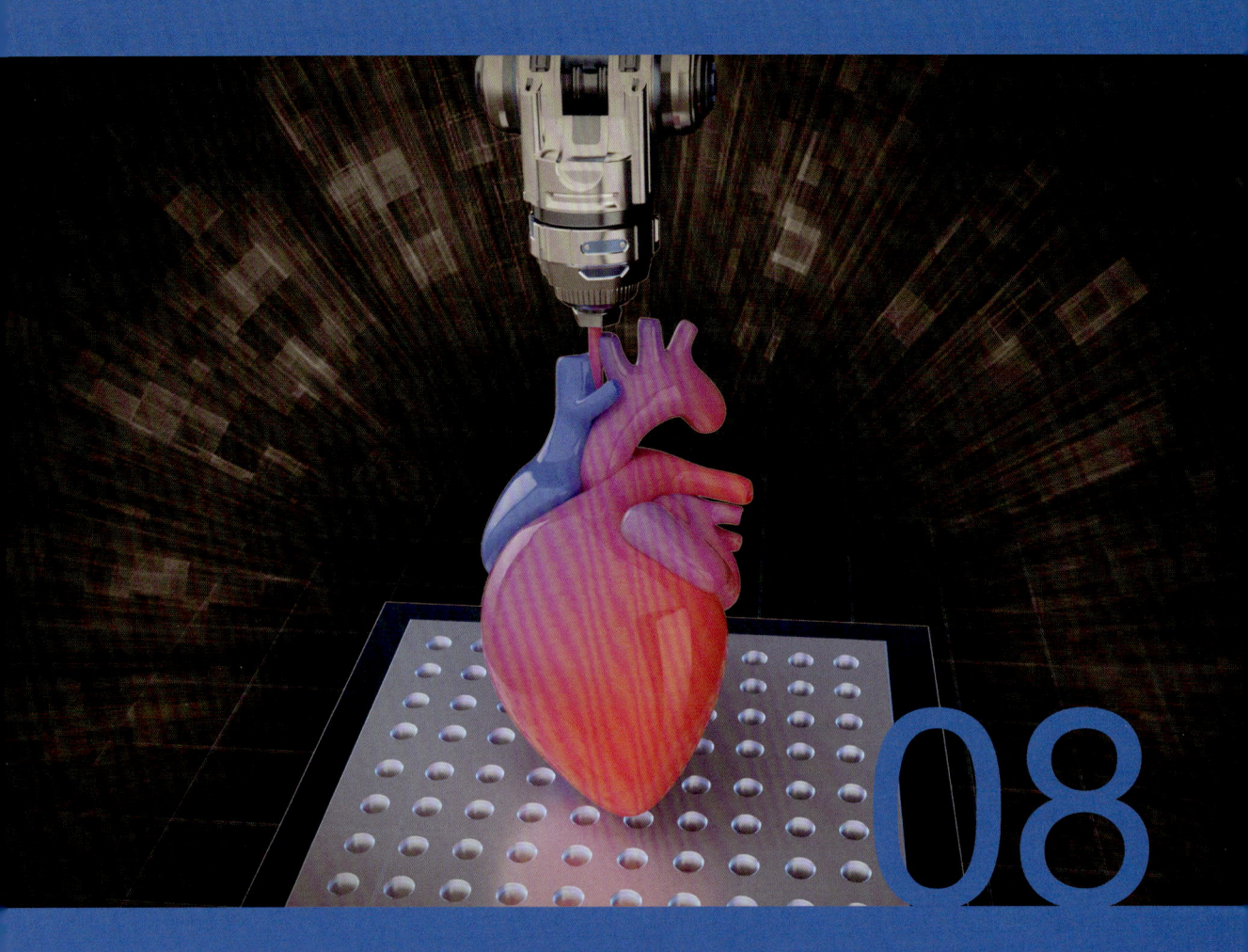

第 8 章

细绘组织工程的再生华章：
生物 3D 打印堪称生命的织匠

生物 3D 打印技术是一种利用（干）细胞作为墨水的新型 3D 打印技术，基于现代医学精确扫描和计算机快速建模，利用增材制造技术逐层沉积活细胞以及生物活性材料，制造出高精度、高复杂度的人体组织，在器官体外制造方面显示出特有优势，在生物医学和国防军事等领域具有广泛的应用前景。生物 3D 打印技术有望解决器官供体不足的问题，实现人体器官的完整再造，将改变传统组织工程、药物研发模式，为人类生命健康带来革命性变革。

8.1 生物 3D 打印发展历程

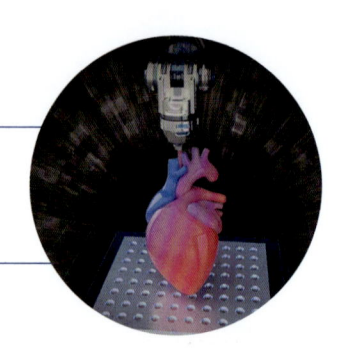

1860
3D 扫描技术元年

1860年8月14日，法国艺术家弗朗索瓦·威莱姆（Francois Willeme）申请了名为"照片雕塑（photosculpture）"的专利，复合多角度成像，构建物体三维模型。威莱姆通过24台照相机围绕圆盘舞台间隔15°均匀分布，以此来获取圆盘舞台上人的360°姿势图像。如果将照相机连接比例绘图仪，并引导切割机对旋转的原木进行雕塑，可以获得舞台上人的3D构建体，这也是当今3D扫描技术的前身。

1892
增材制造技术元年

法国人约瑟夫·布兰瑟（Joseph Blanther）首次在公开场合提出使用层叠成型方法制作地形图的构想。他根据不同高度的等高线轮廓制作出一系列蜡板，并按照地图中的高度将蜡板依次进行叠加和粘合，最后将各层蜡板间的接合处进行平滑处理，从而得到了三维立体的地形"图"。这种层层累积方法是增材制造的基本原理。

1980
世界第一项 3D 打印专利

日本名古屋市工业研究所的久田秀夫（Hideo Kodama）发明了在光敏树脂液池中逐层光照固化成型的方法，于1980年5月申请了与该技术有关的第一项专利，但因缺乏资金停滞了后续测试和开发，最终搁置此专利。尽管如此，他仍被认为是使用紫外光源进行连续层堆叠固化的先驱。

1984
SLA 技术元年

美国人查尔斯·赫尔（Charles W. Hull）在进行紫外光固化桌面涂层的时候，把紫外光束聚焦成一个点用来固化光敏树脂，光斑扫过的部分即为设计的图案，再将聚焦高度逐渐调高，就能把每一层固化所得的图案叠加起来。依据这种想法，赫尔发明了SLA立体平板印刷技术（stereo lithography appearance）。后人将赫尔称为"3D打印之父"。

1984
SLS 技术元年

卡尔·迪卡德（Carl R. Deckard）致力于增材制造的研究，利用高能激光束熔化和融合基台上的粉末，形成烧结体，再通过逐层添加粉末材料进行材料逐层累积。后来，卡尔·迪卡德和他的老师乔·比曼（Joe Beaman）博士提交了选择性激光烧结技术（selective laser sintering）专利。之后他们共同成立了SLS激光烧结公司Nova Automation，专门研制SLS成型技术的3D打印，不久就推出了第一台商业化设备。

1988
FDM 技术元年

1988年，美国人斯科特·克鲁普（Scott Crump）发明了熔融沉积成型技术（fused deposition modeling，FDM），并于1989年申请了专利。FDM技术的工作原理是在喷头处利用高温熔化材料，再根据CAD模型将熔化的材料挤出成所需图案，材料离开高温喷头后凝固成型。

1988
细胞精确定位装置

克莱伯（Robert Klebe）首次提出"细胞精确定位装置"的构想。克莱伯将纤连蛋白（fibronectin）装载到标准惠普（HP）喷墨打印机中并打印图案，随后将胶原蛋白和细胞混合后接种在处理过的图案上，就形成了由细胞组成的特定图案。

2003
第一个细胞喷墨打印机

2003年，美国克莱姆森大学T. Boland等人改装了一台商用HP喷墨打印机，通过对其喷头的改进，实现了细胞悬液墨水的直接喷射打印，并形成由细胞组成的精确图案，打印后细胞存活率达到75%。该工作报道了首个可以直接喷射打印细胞的细胞打印机，2003年也被广泛认为是以细胞打印为基础的生物3D打印元年。

2004
清华大学自主研发挤出式生物 3D 打印技术

2004年，清华大学机械系快速成型技术团队自主开发了挤出式生物3D打印装备（cell assembly）并发表相关学术论文。该团队采用水凝胶溶液和细胞作为墨水，直接挤出成形三维类肝组织结构，在后续培养过程中打印的结构展现出部分生物学功能。这也是国内首次报道细胞直接三维打印。

2010
国际生物制造学会成立

2010年，领域先驱在费城组织研讨会，共同发起成立国际生物制造学会，推动生物3D打印技术学术共同体的发展。领域的第一本专业性学术期刊 *Biofabrication* 于2009年创刊。该学会创任主席和该期刊创任主编均为清华大学机械系孙伟教授。

2014
生物 3D 打印血管化厚组织

2014年，哈佛大学J. Lewis等人采用多喷头打印技术，构建了可灌流的血管化厚组织，并经过体外灌流培养，证明了组织的活性。

2016
集成生物 3D 打印技术应用于多种硬组织修复

2016年，美国维克森林大学A. Atala团队建立了器官打印集成系统（ITOP），将无细胞的高分子打印和细胞打印结合，打印了人体组织尺寸的下颌骨、颅骨、软骨和骨骼肌，并进行了体内移植实验，展现了生物打印应用于再生医学的巨大潜力。

2019
技术新突破实现人体"器官零件"制造

2019年，卡内基梅隆大学研究人员采用心肌细胞和胶原蛋白双材料的打印策略，构建出左心室模型，并观察到了心率失常相关的电生理行为和心室收缩现象。同年，莱斯大学与华盛顿大学的研究团队3D打印出"可呼吸的肺"，用于研究肺泡中的气体交换过程。两项工作分别发表在 *Science* 和 *Nature* 期刊。

2021
生物 3D 打印构建更大尺度类器官

2021年，瑞士科学家采用生物3D打印技术在支撑浴中打印细胞，成功构建了厘米级别的肠道类器官和分枝脉管结构，解决了类器官尺寸小的问题。同年，美国科学家采用人诱导多能干细胞和生物3D打印，高通量构建了高重复性的肾脏类器官模型，促进了生物3D打印的体外应用。

2023
SPIRIT 逐级悬浮打印技术的提出

为解决组织器官的外部复杂结构和内部精细特征（如血管等）的耦合构建的难题，清华大学生物制造团队提出了一种逐级悬浮 3D 打印技术（sequential printing in a reversible ink template，SPIRIT），有效拓展了常规挤出 3D 打印的技术边界，快速构建含复杂宏微观结构的组织。

8.2 生物 3D 打印技术：组织工程和再生医学的"银色子弹"

面对不断增长的组织器官移植需求，供体器官缺口始终无法解决。组织工程和再生医学为器官体外构建及体内再生提供了新思路，各种工程手段应运而生。其中，生物 3D 打印技术以增材制造形式沉积活细胞以及生物活性材料，从而构建三维复杂组织，在器官体外制造，特别是大尺寸复杂器官制造方面体现出特有优势及前景。自 21 世纪初首次细胞打印开始，生物 3D 打印已经发展出液滴式、挤出式、液池光固化式等技术类型，在过去 20 年里已经尝试了几乎所有的器官模型构建。生物 3D 打印技术有望解决器官供体不足问题，为人类健康事业带来革命性的变革。

8.2.1 为什么要采用生物 3D 打印技术

人体是由 9 大系统、70 余种器官、40 万亿~60 万亿个细胞组成的动态复杂机体，本身具备一定的再生能力，然而当疾病、创伤等造成的器官缺损和衰竭等病症超出再生能力范围时，需要通过器官移植来修复机体。据统计，全球每年约有 200 万患者等待器官移植，其中只有约 10 万人能够接受器官移植治疗。供体短缺问题在我国更加严重，供需比为 1 : 30。

20 世纪 90 年代出现了组织工程技术概念，旨在体外环境将细胞和生长因子与生物材料支架相复合构建生物组织，培养成熟后移植到病人缺损部位。与传统组织/器官移植相比，组织工程手段避免了二次手术，并通过控制细胞来源解决免疫排斥问题。然而，常用的工程手段难以制备多细胞类型的异质性三维组织，迫切需要能够控制细胞、材料、因子在三维空间内精准排布的组织工程技术。

8.2.2 目前正在发展的生物 3D 打印技术

随着 3D 打印、干细胞、生物材料等多学科技术交叉发展，研究人员尝试将细胞作为墨水或墨水成分之一进行 3D 组织构建，称为生物 3D 打印（3D bioprinting），其打印的材料称为生物墨水（bioink）[1]。理想的生物 3D 打印将病人受损部位影像学数据作为起点，依此构建 3D 模型，然后选择生物墨水和制造策略进行 3D 打印；所得到的构建体在体外培养成熟后即可移植到病人体内（见图 8-1[1]）。自 2003 年首次细胞打印以来，生物 3D 打印技术呈现爆发式增长，目前常用的生物 3D 打印技术包括液滴式、挤出式、液池光固化式等类型。

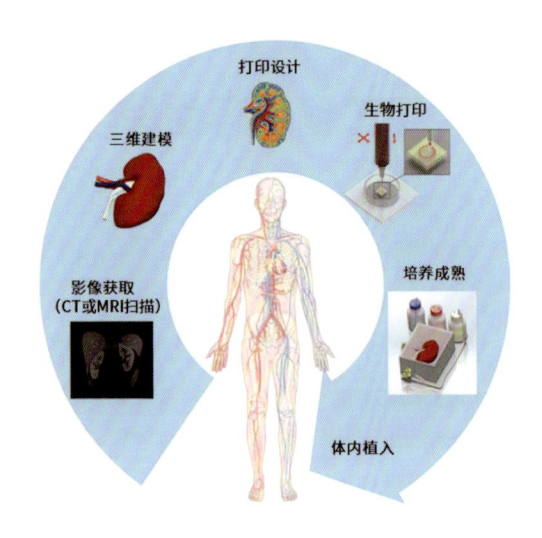

图 8-1 生物 3D 打印流程
引自：*Chemical Reviews*[1]

8.2.2.1 液滴式生物 3D 打印技术

液滴式生物 3D 打印（droplet-based 3D bioprinting）通过不同方式生成 10 微米至几百微米的液滴，根据计算机规划路径将液滴排列成图案，并逐层累积形成三维结构。根据生成液滴的不同形式，液滴式生物 3D 打印分为喷墨式（或按需喷墨式）和激光诱导正向转移（laser induced forward transfer，LIFT）两类（图 8-2[1]）。喷墨式生物打印可以通过热发泡、压电、电磁、声波等形式生成液滴（2 A），液滴经喷头飞出，沉积在底板材料上，逐步形成打印结构；而 LIFT 技术则是通过激光聚焦在能量吸收层，利用产生的微小气泡将吸收层下方的墨水层排出液滴，并逐层累积，从而避免了喷头对细胞的剪切作用。

2003 年，一台商品化惠普（HP）喷墨打印机被改装并进行了牛内皮细胞的打印，团队将墨水仓温度控制在 37℃ 以便于细胞存活，改变喷头尺寸防止细胞堵塞喷头，并将设备置于生物安全柜内防止细菌感染。结果表明，以喷墨形式打印的细胞仍然能够存活并且在合适材料环境中融合生长，证明了以细胞作为墨水进行打印的可行性，这被认为是首次活细胞打印。

尽管液滴式生物 3D 打印开展最早，但是由于喷墨式打印对生物墨水材料的黏度和交联

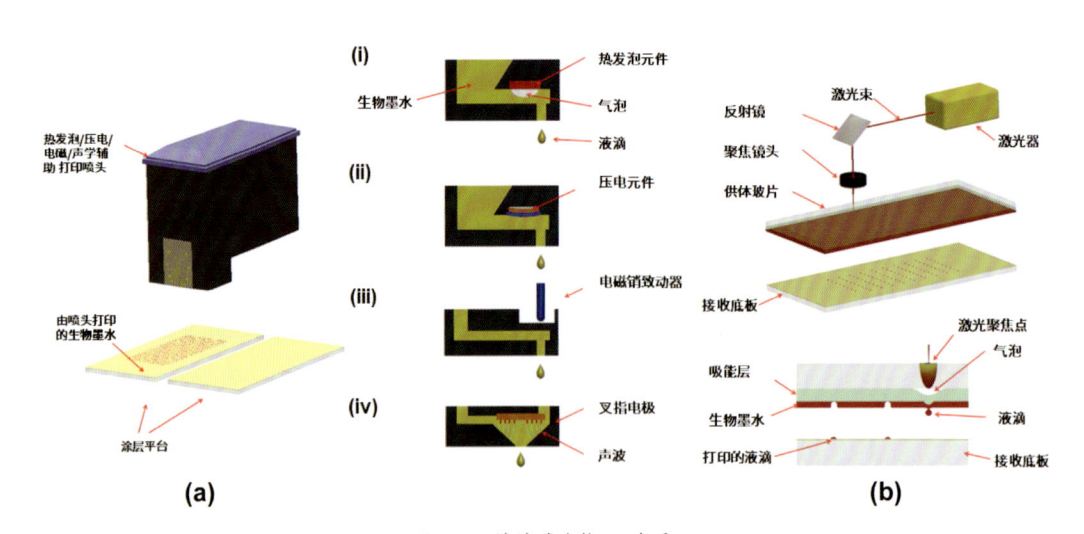

图 8-2 液滴式生物 3D 打印
(a) 喷墨式；(b) LIFT
引自：*Chemical Reviews*[1]

速率有较高要求，导致液滴式打印应有的分辨率优势难以发挥，且缺少低成本、易上手的商品化打印机和配套生物墨水材料，液滴式生物3D打印的应用相对较少。近年来材料科学的进步有望解决液滴式打印的瓶颈问题，并且，随着生物3D打印研究的深入，液滴式生物打印在多细胞和材料混合打印的优势逐渐凸显，仍会在未来生物3D打印领域占据重要地位。

8.2.2.2 挤出式生物3D打印技术

由于重力影响，绝大多数3D打印技术只能构建自支撑结构，或额外添加支撑材料，往往因此牺牲打印精度和表面细节特征。为了平衡重力、提高打印精度、保真度和复杂度，研究人员开发出在支撑浴（又称"悬浮浴"）中打印生物墨水的嵌入式打印策略（embedded bioprinting），又称悬浮打印。这种策略需要制备一种具有优良剪切稀化和自愈合性质的材料（水凝胶、微球、高黏度液体等）作为支撑浴，然后在该支撑浴中挤出生物墨水。挤出式生物3D打印技术可以分为气动式、活塞式和螺杆式（图8-3)[2]。由于支撑浴材料对生物墨水的浮力或支撑力可以平衡生物墨水受到的重力，挤出式打印可以在支撑浴中进行全方向的材料沉积，从而构建更加复杂的拓扑结构，这对于重建器官内复杂的结构（如血管）至关重要。2019年，FRESH 2.0打印方法发布，采用高浓度胶原蛋白和细胞构建了多种厘米级心脏组织和完整的新生儿心脏模型，具有部分心脏搏动功能和血管灌注功能，如图8-4(a)[3]、图8-4(b)[3]所示。在此基础上，2023年，多层次嵌入式打印方法SPIRIT发布，在心室模型内嵌入了复杂血管网络，如图8-4(c)[4]所示。

作为多学科交叉领域，除了开发3D打印策略以及墨水材料，以多能干细胞为代表的细胞生物学也是生物3D打印技术发展的一大支柱。随着胚胎多能干细胞和诱导多能干细胞的开发与应用，利用干细胞的分化来制造功能器

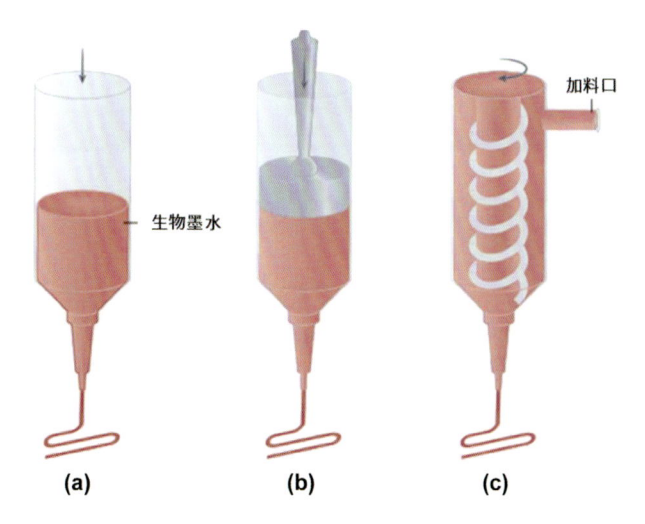

图8-3 挤出式生物3D打印技术
(a) 气动式；(b) 活塞式；(c) 螺杆式
引自：*Nature Reviews Methods Primers*[2]

官成为可能。2016 年和 2017 年，中国人主导的国际团队首次进行人神经干细胞及多能干细胞的挤出打印，并原位分化神经组织，初步验证了人类干细胞打印的可行性，如图 8-4(d)[5]所示。2022 年，通过基因编辑技术，生物打印组织内的诱导多能干细胞在培养过程中进行了原位正交分化，从而构建了多细胞类型的神经复合组织，如图 8-4(e)[6] 所示。多能干细胞的打印进一步提升了生物 3D 打印的复杂维度，拓展了器官制造的边界。

8.2.2.3　液池光固化式生物 3D 打印技术

液池光固化式生物 3D 打印技术（vat-polymerization-based 3D bioprinting）以细胞和光敏水凝胶配置成生物墨水，然后将生物墨水注入液池中，打印机将激光投影或聚焦于液池中引发光敏水凝胶的交联反应，从而使材料固化成型[7]。常见的液池光固化式生物 3D 打印技术包括基于激光束扫描的立体光刻技术（stereolithography，SLA），基于投影式光源的数字光处理技术（digital light processing，DLP），以及体积打印技术（volumetric bioprinting）等。与液滴式和挤出式生物 3D 打印相比，液池光固化式往往具有更高的构建精度，DLP 和体积打印技术还具备打印速度上的优势，也不需要限制生物墨水材料的黏度，这些特性都有利于高效构建复杂器官。

对于液池光固化式生物 3D 打印技术，光敏水凝胶的生物相容性和交联特性至关重要，生物墨水中的细胞对墨水的光学特性也有较大影响，这些因素都会影响光固化打印过程的分辨率和保真度。2019 年，SLATE 技术发布，该

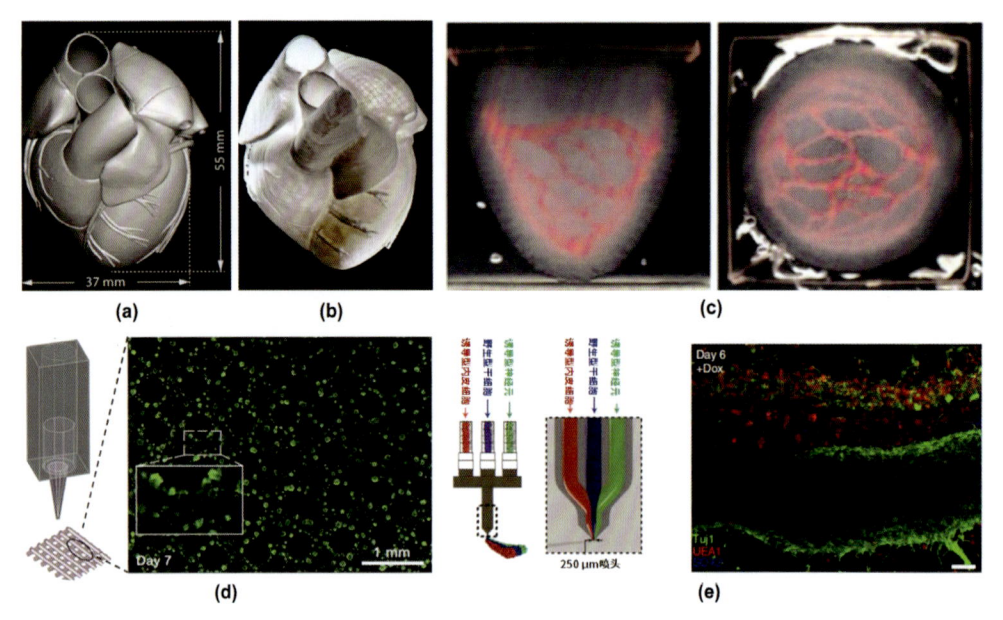

图 8-4　FRESH 打印构建全尺寸新生儿心脏模型

(a) CAD 模型；(b) 打印实物；(c) SPIRIT 打印含血管网络的心室模型；(d) 多能干细胞打印；
(e) 多材料打印和干细胞正交分化

（a）(b) 图引自：*Science*[3]，(c) 图引自：*Advanced Materials*[4]，(d) 图引自：*Advanced Healthcare Materials*[5]，(e) 图引自：*Nature Biomedical Engineering*[6]

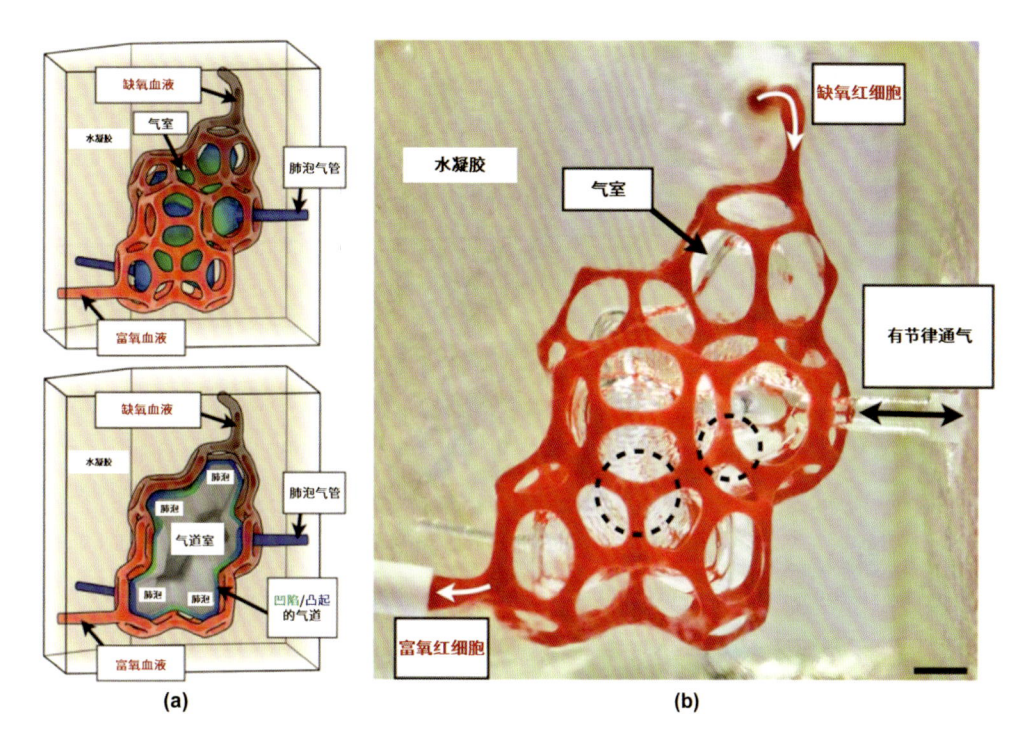

图 8-5 SLATE 技术打印的肺泡模型
(a) CAD 设计示意图；(b) 打印实物图
引自：*Science*[8]

技术优化了生物墨水的吸光特性和生物相容性，从而实现了生物相容性光敏水凝胶的快速 DLP 打印，构建了含有复杂血管网络的肺泡模型，并通过对肺泡模型的充气和排气模拟了人呼吸过程中气体的交换（图 8-5[8]）。绝大多数 3D 打印采用逐层累积的方式会带来台阶效应，导致结构表面产生台阶状的不平整特征。为克服这一劣势，体积打印方法被开发出来，该方法运用计算机技术将 3D 结构降维成不同角度的投影图像，液池通过转动来接收不同角度照射的投影，从而逐渐使材料固化成型。该技术不仅克服了台阶效应，还将打印构建效率提高了 10 倍以上，因此迅速被应用于生物打印。运用该技术，厘米级半月板模型组织能够在 30 秒内完成构建，并保持细胞活性和结构特征[8]。

8.2.3 结　语

虽然现有生物 3D 打印技术远不能构建符合临床标准的可移植的功能性器官，但在细胞生物学、材料科学、机械科学、计算机科学等多学科和技术的交叉推动下，生物 3D 打印技术已逐渐从概念验证逐步走向动物实验和临床试验，终将成为组织工程技术中的"银色子弹"，以及造福全人类的医疗健康手段。

季申、顾奇

参考文献

[1] Mota C, Camarero-Espinosa S, Baker M B, et al. Bioprinting: From Tissue and Organ Development to in Vitro Models[J]. *Chemical Reviews*, 2020, 120(19): 10547-10607.

[2] Zhang Y S, Haghiashtiani G, Hübscher T, et al. 3D extrusion bioprinting[J]. *Nature Reviews Methods Primers*, 2021, 1(1): 75.

[3] Lee A, Hudson A R, Shiwarski D J, et al. 3D bioprinting of collagen to rebuild components of the human heart[J]. *Science*, 2019, 365(6452): 482.

[4] Fang Y, Guo Y, Wu B, et al. Expanding Embedded 3D Bioprinting Capability for Engineering Complex Organs with Freeform Vascular Networks[J]. *Advanced Materials*, 2023, 35(22): 2205082.

[5] Gu Q, Tomaskovic-Crook E, Wallace G G, et al. 3D Bioprinting Human Induced Pluripotent Stem Cell Constructs for In Situ Cell Proliferation and Successive Multilineage Differentiation[J]. *Advanced Healthcare Materials*, 2017, 6: 17.

[6] Skylar-Scott M A, Huang J Y, Lu A, et al. Orthogonally induced differentiation of stem cells for the programmatic patterning of vascularized organoids and bioprinted tissues[J]. *Nature Biomedical Engineering*, 2022, 6(4): 449-462.

[7] Levato R, Dudaryeva O, Garciamendez-Mijares C E, et al. Light-based vat-polymerization bioprinting[J]. *Nature Reviews Methods Primers*, 2023, 3: 47.

[8] Grigoryan B, Paulsen S J, Corbett D C, et al. Multivascular networks and functional intravascular topologies within biocompatible hydrogels[J]. *Science*, 2019, 364(6439): 458.

第 9 章

生物质能碳捕集与封存技术：减缓气候变化的负排放

化石碳资源已成为人类衣食住行的主要物质依赖，而此类资源都是由史前生物质衍化而来，理论上生物质可完全替代这些化石碳资源。生物质是唯一蕴含碳的可再生资源，其生长过程吸附固定大气中的 CO_2。生物炼制将生物质转化为各种产品，如果再与碳捕集和封存技术结合，还可以实现碳的负排放。生物质能碳捕集与封存是实现全球温升控制目标的重要负排放技术，是在基本不改变人类现代生活方式的前提下应对气候变化危机的最有效产业技术手段之一。

9.1 生物质能碳捕集与封存技术发展历程

1940s
光合细菌生产有机物概念被首次提出

美国微生物学家尼埃尔（Charles Bernard van Niel）的研究揭示了光合作用的基本机制，首次提出了将光合细菌用于有机物生产的概念，这为 CO_2 用于生物制造有机物的过程提供了一种潜在的途径。

1945
Calvin 循环被揭示

美国加州大学伯克利分校卡尔文（Melvin Ellis Calvin）发表题为"Photosynthesis of Carbon Compounds by Green Algae"的文章，通过将放射性碳同化物注入植物组织，以追踪二氧化碳在光合作用过程中的踪迹。此过程揭示了植物和某些细菌利用二氧化碳合成有机物质的关键路径，后被命名为 Calvin 循环。Calvin 循环是最广为所知的天然固碳途径，于 1961 年获得诺贝尔化学奖。

1993
德国首次系统探讨 BECCS 概念基础

德国研究人员曼弗雷德（Manfred W. Keupp）在 1993 年的一篇名为"Carbon Dioxide Recovery and Disposal from Large Scale Bioenergy Systems"的论文中，首次系统地探讨了通过大规模生物能源系统实现二氧化碳回收和处理的概念，奠定了生物质能碳捕集与封存技术（bioenergy with carbon capture and storage，BECCS）的概念基础。

2000s
藻类生物固碳技术得到发展

藻类生物固定 CO_2 的研究在 21 世纪初迎来了爆发式的增长。科学家们开始关注如何将微藻的 CO_2 吸收能力与生物质能生产相结合，以实现更全面的碳负载和可持续能源生产。微藻固定的 CO_2 可被提取用于生产生物柴油等生物燃料、生产食品补充剂和其他高值化合物。例如，加拿大 Pond Technologies 公司将废气中的 CO_2 引导到微藻池中，通过微藻的光合作用过程将 CO_2 转化为生物质，并将其用于生产生物燃料、饲料、食品添加剂等。

2011
美国宣布启动碳捕获和封存验证项目

美国伊利诺伊州宣布 ADM 谷物乙醇厂启动建设大型工业碳捕获和封存（ICCS）验证项目，这是第一个大规模一体化的碳捕获和封存验证项目，该项目从玉米生产乙醇的过程中捕集高纯度的 CO_2，将其封存于 7000 英尺深处咸水层地质，项目大约每天能够封存 2500 吨的 CO_2。

2013
美国使用 CO_2 气相发酵技术生产有机物

美国 LanzaTech 公司通过气相发酵技术，利用厌氧产气菌在无氧环境下利用废气中的 CO 和 CO_2 进行发酵，生产乙醇、2,3-丁二醇和丁醇等有机物。

2014
BECCS 概念正式提出

联合国气候变化专门委员会（intergovernmental panel on climate change，IPCC）在 2014 年的第五次评估报告中首次正式提出了将生物质能源与碳捕集和封存技术结合的概念，以实现负碳排放。

2015
联合国达成《巴黎协定》

2015 年 12 月，《联合国气候变化框架公约》第 21 次缔约方大会在法国巴黎召开，达成了历史性的《巴黎协定》。协定的首要目标是将全球平均温度上升控制在工业化前水平的 2℃ 以下，力争将升温幅度限制在 1.5℃ 以减缓气候变化的影响。各缔约方提交自主贡献（NDCs），即国家自愿承诺的气候行动计划，其中包括减排目标、适应措施和支持措施等。

2016
德国提出非天然固碳途径

德国马尔堡的马克斯-普朗克陆地微生物研究所托比亚斯（Tobias J. Erb）团队报道了体外非天然 CO_2 转化循环——CETCH 循环。他们用效率更高的烯醇-辅酶 A 羧化酶/还原酶（ECRs）作为起点来设计全新的人工固碳途径，以避开自然固碳中羧化作用的效率瓶颈，ECRs 比自然界开尔文循环中的关键酶 RuBisCO 催化 CO_2 转化的效率高数十倍。

2019
北京化工大学提出第三代生物炼制技术

北京化工大学谭天伟院士团队与延斯·尼尔森院士团队在 *Nature catalysis* 发表学术论文，创新性提出第三代生物炼制技术，旨在利用大气中的 CO_2 及绿色清洁能源，如光、废气中的无机化合物、光电、风电等进行绿色生物制造。

2020
英国德拉克斯发电厂完全转型成为焚烧生物质能源的电厂

德拉克斯发电厂于 1967 年设立，是位于英国北约克郡德拉克斯的一座大型生物质发电厂，能够混烧石油焦。生物质发电容量为 2.6 GW，煤炭发电容量为 1.29 GW，作为英国最大的发电站，提供英国约 6% 的电力供应。经过逐步转型，在 2020 年完全转型成为焚烧生质能源（木质颗粒燃料）的电厂。

2021
中国科学院为 CO_2 人工合成淀粉奠定基础

中国科学院天津工业生物技术研究所马延和研究员团队首次在无细胞系统中由 CO_2 和氢人工合成了淀粉。通过计算路径，模块组装和替代建立，并基于三种瓶颈相关酶的蛋白质工程优化，构成了由 11 个核心反应组成的人工淀粉合成代谢途径（ASAP），以每毫克总催化剂每分钟 22 nmol CO_2 的速率将 CO_2 转化为淀粉，比玉米中的淀粉合成速率高约 8.5 倍，这种方法为未来从 CO_2 合成化学 - 生物杂化淀粉开辟了道路。

2021
CO 合成蛋白质技术助力形成万吨级工业产能

中国农业科学院饲料研究所联合北京首钢朗泽科技股份有限公司，利用乙醇梭菌，以钢铁厂、铁合金厂、电石厂含 CO、CO_2 的尾气和氨水为主要原料，进行液态发酵培养、离心、干燥而获得的乙醇羧酸蛋白，已成为新型饲料蛋白源，目前已形成万吨级工业产能。

2023
当今 CCS 发展概况

根据全球碳捕集与封存研究院发布的最新报告，本年度在开发中、在建或运营的碳捕集与封存（carbon capture and storage，CCS）项目的捕捉能力自 2022 年以来增加了 48%。本年度新增了 198 个 CCS 项目新设施，目前共计 41 个运营中项目，26 个建设中项目，以及 325 个处于高级和早期开发阶段的项目。

2023
BECCS 技术的发展

然而，BECCS 技术的大规模实施仍然存在诸多不确定性。例如，速生作物的生长过程需要消耗大量的水资源，可能会对淡水资源产生威胁。以往研究只关注生物能源作物生长本身的水分需求，而未考虑大规模能源作物种植通过生物物理过程对气候的反馈作用。清华大学地学系李伟副教授课题组联合国内外多所研究机构，揭示了全球大规模生物能源作物种植对全球陆地水循环的影响，并探究了不同种植策略（即不同生物能源作物类型、种植区分布 / 种植面积）通过生物地球物理作用对陆地降水和其他陆地水平衡分量（蒸散发、地表径流和土壤水存储量）的影响，成果以《大规模生物能源作物种植的气候反馈导致了陆地降水的增加》为题发表在 *Nature Communications* 期刊上。

9.2 生物质能碳捕集与封存技术：实现碳负排放的关键路径与挑战

9.2.1 全球气候变化背景中的生物质能碳捕集与封存技术

在过去两个世纪里，由于农业和工业活动的快速发展，人类向大气中释放了大量的二氧化碳，导致全球大气中的二氧化碳浓度增加了约 100 ppmv。18 世纪末到 19 世纪初，人类依赖化石燃料（如煤、石油、天然气）推动了工业化进程。随之而来的是温室气体（主要是二氧化碳、甲烷）的大量排放。这些温室气体的积累增强了地球大气的温室效应，导致全球气温上升。自工业革命以来，地球表面平均温度已经上升了约 1.1°C，根据预测，如果不采取积极措施，到 21 世纪末气温可能上升超过 3°C，这将带来灾难性的环境影响。

为应对这一问题，2015 年 12 月，在巴黎气候大会（COP21）上，195 个国家经过长时间的谈判，最终达成了一项历史性协议。该协议设定了将全球平均气温相较于工业化前水平的升幅控制在 1.5°C 以内的目标[1, 2]。据估算，要将全球气温升幅控制在 1.5°C 以内，全球大气中的二氧化碳浓度不能超过 450 ppmv。这意味不仅需要实现"零排放"，更重要的是必须实现负排放，即永久性地从大气中清除二氧化碳。这表明，碳负排放技术不仅是补救措施，更是未来几十年全球应对气候变化不可或缺的工具之一。

目前，碳负排放的潜在方法包括直接空气捕集、增强风化、植树造林以及生物质能碳捕集与封存（BECCS）等多种技术。BECCS 技术被认为是最具潜力的碳负排放技术之一。其基本原理是利用生物质能发电，或在生物燃料生产过程中，通过碳捕集与封存技术将排放的二氧化碳捕集并永久封存。生物质本身吸收了大气中的二氧化碳，因此，通过捕集并封存生物质燃烧过程中的二氧化碳，能够实现碳负排放[3-5]。这一技术不仅可以为能源转型提供支撑，还能够在实现碳负目标的过程中发挥关键作用。

相较于化石燃料，生物质能的利用本质上是碳中性的，因为生物质能中的碳是通过光合作用从大气中的二氧化碳吸收而来，不会导致额外的碳排放（图 9-1[15]）。进一步，当在生物质能利用过程中引入 BECCS 技术，系统就变成了碳负排放系统。这是因为，在此过程中，生物质中所含的碳不仅不会重新进入大气，还实现了存储和固定。

生物质碳负排放技术在减少碳排放方面具有明显的潜力。BECCS 技术自 2000 年被提出以来就受到广泛关注，甚至被认为是气候变化的"救星"技术[6, 7]。根据经济合作与发展组织（OECD）在 2011 年联合国气候变化大会上发布的《2050 年环境展望》，降低二氧化碳浓

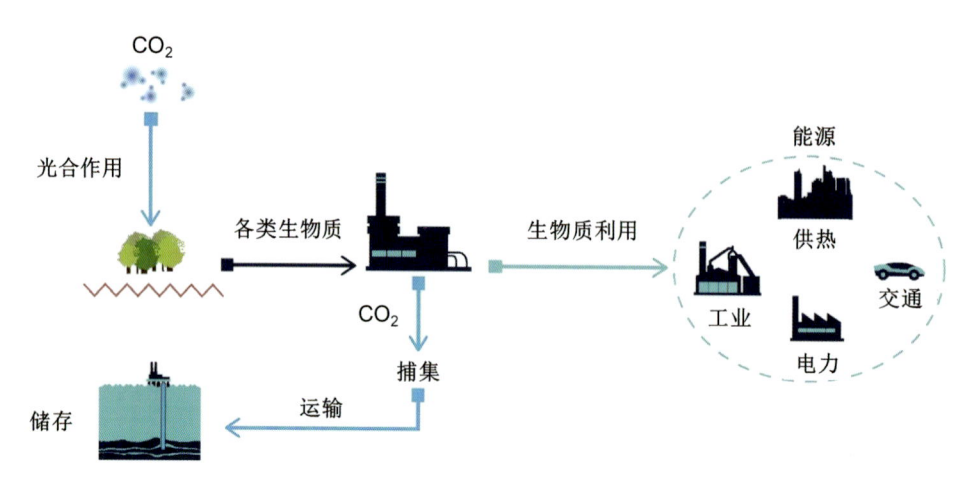

图 9-1　BECCS 过程

引自：*Bioenergy and Carbon Capture and Storage*[15]

度"在很大程度上取决于 BECCS 技术的使用"。与其他负排放技术相比，BECCS 技术被认为是"低垂的果实"，可以整合到当前的能源系统中。

9.2.2　BECCS 技术的分类

根据不同的转化方法，BECCS 技术可以分为生物质能转化耦合二氧化碳捕集与封存（CCS）技术以及集成 BECCS 技术。其中，生物质能转化耦合 CCS 技术指的是燃烧、气化和厌氧消化等传统的生物质能利用方式与 CCS 相结合；而集成 BECCS 技术则包括生物质发酵、富氧燃烧、化学链循环、钙循环和碱性热处理与碳矿化。

9.2.2.1　生物质能转化耦合 CCS 技术

传统的生物质转化技术包括燃烧、气化和厌氧消化等。燃烧过程中，生物质在空气或氧气充足的条件下进行燃烧，燃烧后的烟气中约含 15% 的二氧化碳。常见的碳捕集方法包括溶剂、膜、固体吸附剂等，其中胺洗涤技术最为普遍，能捕集约 90% 的二氧化碳。然而，这类技术会使发电厂的效率一定程度下降，并显著增加成本。

在气化过程中，生物质在高温下与蒸汽、二氧化碳或氧气不足的环境中进行热化学转化，生成合成气，成分包括氢气、一氧化碳、甲烷、二氧化碳等。与燃烧后碳捕集类似，气化过程中也常用化学或物理吸收技术捕集二氧化碳，物理溶剂特别适合处理二氧化碳浓度较高的合成气，因其再生能耗较低。

厌氧消化是一种在无氧环境下微生物降解有机物的过程，产生的沼气含有 45%~70% 的甲烷和 25%~45% 的二氧化碳。在经过二氧化碳分离后，沼气可升级为高纯度的生物甲烷，剩余的二氧化碳可通过变压吸附或高压水洗等技术进行捕集。此外，生物甲烷燃烧后的二氧化碳捕集没有技术限制，进一步提高了该技术的碳负效应。

9.2.2.2 集成BECCS技术

发酵主要通过酶对糖的发酵，将生物质转化为乙醇和二氧化碳。所生产的生物乙醇是目前全球最常见的生物燃料，市场占有率超过70%。发酵过程释放的二氧化碳浓度较高，达到85%，经过分离后浓度更可提高至99%以上，几乎不需要进一步处理即可压缩运输。据估计，每生产一升生物乙醇可捕集约765克二氧化碳。此外，发酵过程中留下的木质素残渣还可用于发电和供热，如果与燃烧后捕集相结合，碳负效应将大幅提升。

富氧燃烧技术通过分离空气中的氧气来进行燃烧，减少了氮氧化物的生成，同时能够生产高纯度的二氧化碳。净烟气中含有70%~95%的二氧化碳，具体比例取决于燃料和燃烧系统。这种技术的主要优势在于设备更为紧凑，并且在提高燃烧温度调节效率的同时减少了设备的体积。然而，这项技术尚处于研究的初期阶段，仍需进一步开发和优化。

化学链技术则凭借载氧体，通过分离燃烧和气化的氧化与还原反应来捕集二氧化碳。生物质可被水蒸气或二氧化碳原位气化，并在有载氧体存在的情况下燃烧，这也被称为原位气化学链燃烧。载氧体能够避免二氧化碳与氮气混合，提升了捕集效率，二氧化碳浓度从60%到98%不等。在700°C至1000°C的温度范围内，该工艺的碳捕集效率可达到75%至100%。

钙循环技术通过使用氧化钙在高温下吸收二氧化碳。石灰石和白云石由于价格低廉且具备较高的二氧化碳吸收能力，通常被用作氧化钙的前体材料。钙循环技术的核心在于通过原位碳捕集与气化或重整相结合，生成富含氢气的气体，同时释放出纯净的二氧化碳。尽管该技术具有较高的捕集效率，但如何延长氧化钙的使用寿命仍是当前面临的挑战。

碱性热处理与碳矿化则通过利用金属氢氧化物在气化过程中捕集二氧化碳，并生成高纯度氢气。用于该过程的最常见氢氧化物是氢氧化钠，生物质转化过程结束后，氢氧化钠可通过工业废料（如钢渣和混凝土废料）与氧化钙或氢氧化钙进行再生。这一过程产生的碳酸盐矿物可直接用于封存二氧化碳。碱性热处理与碳矿化过程的主要吸引力在于生成的碳矿物可直接用于封存，从而降低了上述其他技术去除杂质和压缩浓缩二氧化碳的成本。

9.2.3 BECCS技术的发展与落地

根据国际能源署温室气体研究与开发计划机构（IEAGHG）关于2050年不同类型BECCS技术的潜力的报告，对于热能和电力生产，最大的潜力是基于气化的路线，耦合CCS的生物质整体气化联合循环发电技术可成为主要的长期生物能源转化方法，到2100年占全球碳减排量的33%[8]。欧洲商品委员会指出，生物质联合燃烧耦合CCS是最有前途的可再生能源发电技术，可实现低风险、低成本的二氧化碳减排[9]。在生物燃料生产方面，潜力最大的是费托合成产生的生物柴油，每年产量约为26 EJ，到2050年每年可减少3 Gt二氧化碳。据估计，根据400 ppmv或450 ppmv的限制条件，2050年后BECCS发电将成为最主要的生物能源利用方式[10]。

尽管从长远来看，生物质能带来的碳负排放技术具有巨大的环境和经济潜力，但其目前的经济性仍面临挑战。基于生物质的碳负排放技术价格高昂的主要原因包括：CCS 技术的复杂性和高成本，生物质收集、处理和运输的分散性导致的高成本，以及相对较低的能源转换效率和大量的初始基础设施投资[11, 12]。此外，整体技术仍处于早期阶段，规模经济尚未实现，导致维护和运营成本居高不下。严格的政策和监管合规要求也增加了项目成本。这些因素加在一起，使这些技术尽管在应对气候变化方面具有巨大潜力，但目前的经济性仍面临挑战。

因此，在不同类型的生物质利用技术中，只有燃烧、一步厌氧消化、填埋/污水产气和第一代生物乙醇生产实现了商业化（图 9-2）。随着第一代生物乙醇成为成熟的 BECCS 技术，燃烧耦合 CCS 和沼气生产耦合 CCS（生物甲烷生产）提供了早期机会[13, 14]。碳捕集后的生物质气化技术前景广阔，因为从合成气中分离出二氧化碳可以提高氢气和一氧化碳的分压，以便进行下游转化。第二代生物乙醇技术每年都在不断进步，这为其商业化带来了积极的前景。富氧燃烧和原位气化化学链燃烧等技术也为新型集成 BECCS 技术提供了新的可能性，其他集成 BECCS 技术仍在等待进一步的技术突破。

9.2.4　BECCS 技术的前景与挑战

虽然 BECCS 技术是碳负排放技术中的"低垂果实"，但仍有许多挑战需要进一步研究。在 BECCS 技术中，杂质对二氧化碳捕集效率和系统稳定性具有显著影响。不同的 BECCS 技术会面临不同类型的杂质，包括硫氧化物、氮氧化物和颗粒物。这些杂质可能影响捕集系统的性能，增加运行成本，并对设备的材料耐久性提出更高要求。对于生物质燃烧后捕集，杂质通常是含碱金属盐的飞灰，而生物质厌氧消化过程中，蛋白质分解产生的氨和硫化氢会影响捕集效果。垃圾焚烧中还会产生氯化氢和二噁英等有害物质，这些杂质都可能干扰二氧化碳

图 9-2　英国 Drax 公司的 BECCS 工厂

的捕集过程。因此，进一步研究如何减少和处理杂质对于提高 BECCS 技术的经济性和效率至关重要。

在二氧化碳捕集和储存过程中，二氧化碳与其他气体的共捕集和共储存也面临新的挑战。将二氧化碳与硫化氢共捕集可以简化系统设计并降低成本，但关键在于两者的分离和再生过程。另一种方法是使用氧化钙来同时捕集二氧化碳和二氧化硫，但由于生成的硫酸钙反应动力学较差，如何有效再生氧化钙仍是一个难题。其他策略，如在生物质燃烧或富氧燃烧过程中，将二氧化碳与硫氧化物、氮氧化物等杂质一同储存，这虽然可以减少设备投入，但腐蚀性气体和水分的存在会对管道材料提出更高的要求。因此，如何有效管理二氧化碳与杂质的共捕集与共储存仍是当前 BECCS 技术发展面临的一个重要挑战。

此外，生物质原料的多样性也是 BECCS 技术需要克服的另一个难题。新型生物质原料，如能源作物和藻类，因能够在贫瘠土地或废水中生长，具有广阔的应用前景。然而，这些新型原料的组成成分与传统生物质不同，如何在 BECCS 系统中发挥最大效益仍需进一步研究。还有一个重要问题是生物质的分布广泛且能量密度较低，这使生物质的收集和运输成本较高。因此，BECCS 技术的实施更可能是小规模或分布式的，而非大规模集中化的。这一挑战不仅影响效率，还涉及二氧化碳从生物质利用设施到封存地点的运输成本。有机朗肯循环等技术可以提高小型发电厂的效率，但如何优化二氧化碳运输和储存仍是分布式 BECCS 技术面临的挑战之一。

CCS 在化石燃料利用中已被广泛讨论，但它同样适用于生物能源利用，并将使这一过程从"碳中和"发展为"碳负"。当引入二氧化碳定价机制时，生物质能的碳负排放技术将获得更多机会。对于生物质燃烧、气化或厌氧消化，可以应用各种类型的 CCS 技术进行后处理，这意味着应根据二氧化碳的参数和状态（如温度、压力、浓度和杂质）选择最佳的 CCS 技术。集成 BECCS 技术，包括发酵、富氧燃烧、化学链、钙循环和碱性热处理与碳矿化，也显示出巨大的潜力，因为不需要额外的 CCS 过程。大多数生物质碳负排放技术仍处于早期开发阶段，需要更多的研究来打破技术瓶颈，提高经济可行性。

周会

参考文献

[1] Rogelj J, Den Elzen M, Höhne N, et al. Paris Agreement climate proposals need a boost to keep warming well below 2℃[J]. *Nature*, 2016, 534(7609): 631-639.

[2] Schleussner C-F, Rogelj J, Schaeffer M, et al. Science and policy characteristics of the Paris Agreement temperature goal[J]. *Nature Climate Change*, 2016, 6(9): 827-835.

[3] Fuss S, Canadell J G, Peters G P, et al. Betting on negative emissions[J]. *Nature Climate Change*,

2014, 4(10): 850-853.

[4] Galik C S. A continuing need to revisit BECCS and its potential[J]. *Nature Climate Change*, 2020, 10(1): 2-3.

[5] Bui M, Adjiman C S, Bardow A, et al. Carbon capture and storage (CCS): the way forward[J]. *Energy and Environmental Science*, 2018, 11(5): 1062-1176.

[6] Hickman L. Timeline: How BECCS became climate change's "Saviour" technology[J]. *Carbon Brief*, 2016, 13.

[7] Obersteiner M, Azar C, Kauppi P, et al. Managing Climate Risk[J]. *Science*, 2001, 294(5543): 786-787.

[8] Klein D, Bauer N, Bodirsky B, et al. Bio-IGCC with CCS as a long-term mitigation option in a coupled energy-system and land-use model[J]. *Energy Procedia*, 2011, 4: 2933-2940.

[9] Commission of the European C. Biomass action plan[M]. Cambridge: Commission of the European Communities, 2005.

[10] Luckow P, Wise M A, Dooley J J, et al. Large-scale utilization of biomass energy and carbon dioxide capture and storage in the transport and electricity sectors under stringent CO_2 concentration limit scenarios[J]. *International Journal of Greenhouse Gas Control*, 2010, 4: 865-877.

[11] Fajardy M, Morris J, Gurgel A, et al. The economics of bioenergy with carbon capture and storage (BECCS) deployment in a 1.5℃ or 2℃ world[J]. *Global Environmental Change*, 2021, 68: 102262.

[12] Yang F, Meerman J C, Faaij A P C. Carbon capture and biomass in industry: A techno-economic analysis and comparison of negative emission options[J]. *Renewable and Sustainable Energy Reviews*, 2021, 144: 111028.

[13] Lomax G, Workman M, Lenton T, et al. Reframing the policy approach to greenhouse gas removal technologies[J]. *Energy Policy*, 2015, 78: 125-136.

[14] Gough C, Upham P. Biomass energy with carbon capture and storage (BECCS or Bio-CCS)[J]. *Greenhouse Gases: Science and Technology*, 2011, 1(4): 324-334.

[15] Global CCS Institute. Bioenergy and Carbon Capture and Storage[EB/OL]. [2019-03-14]. https://www.globalccsinstitute.com/wp-content/uploads/2020/04/BIOENERGY-AND-CARBON-CAPTURE-AND-STORAGE_Perspective_New-Template.pdf.

第 10 章

通用智能世界的星星之火：
大语言模型带来智能时代曙光

借助深度学习模型和自然语言处理等领域的最新研究，通用人工智能能够生成连续且具有语境意义的文本、图片、音频等，取得了显著的进展。人工智能模型涌现出惊人的通用能力，通过在上下文中学习，模型能够听从人类的提示，完成多种多样的任务。以大语言模型为核心，视觉、听觉等多种模态进一步融合，模拟人的多感官能力。模拟不同个体的多智能体人工智能初见端倪，为人类与人工智能共处展开了更多的想象空间。

10.1 通用人工智能发展历程

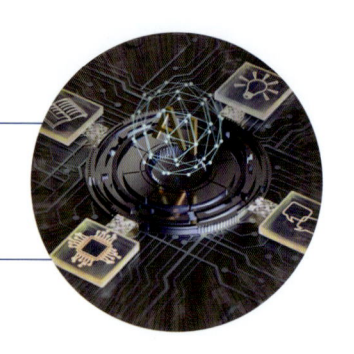

1950
Alan Mathison Turing 提出"图灵测试"

英国计算机科学家图灵 Alan Mathison Turing 发表了一篇划时代的论文《机器能思考吗》，文中预言了创造出具有真正智能的机器的可能性。由于注意到"智能"这一概念难以确切定义，他提出了著名的图灵测试：如果一台机器能够与人类展开对话而不能被辨别出其机器身份，那么称这台机器具有智能。这一简化使图灵能够令人信服地说明"思考的机器"是可能的。论文中还回答了对这一假说的各种常见质疑。图灵测试是人工智能哲学方面第一个严肃的提案。

1956
首次提出"人工智能"

美国科学家麦卡锡（John McCarthy）在达特茅斯会议上首次提出了"人工智能"（artificial intelligence，AI）这一术语，将这门新兴学科定义为研究智能行为和智能机器的领域。他的贡献推动了人工智能作为一个独立学科的发展。

1950s
数学逻辑被运用在计算机科学中

研究者开始将数学逻辑和计算机科学结合起来，尝试构建具有逻辑推理能力的计算机程序。研究者开发了基于规则的 AI 系统，这些系统使用事先定义的规则来进行决策和推理，如在化学分析中使用 Dendral 系统。

1960
LISP 语言设置被提出

LISP 是一种通用高级计算机程序语言，长期以来垄断人工智能领域的应用。LISP 作为应用人工智能而设计的语言，是第一个声明式系内函数式程序设计语言。美国科学家 John McCarthy 以《递回函数的符号表达式以及由机器运算的方式，第一部》为题，于 Communications of the ACM 上发表 LISP 设置。麦卡锡的学生史蒂夫·拉塞尔（Steve Russell）根据该论文，以 IBM 704 于麻省理工学院的计算机运算中心成功执行了第一版的 LISP。

1970s
专家系统开始被广泛使用

卡内基-梅隆大学设计出了第一套专家系统——XCON。从这时起，机器学习开始逐渐兴起，各种专家系统开始被人们广泛使用。专家系统是早期AI的一种形式，它使用专业知识库来解决特定领域的问题，如医疗诊断或化学分析。专家系统是一个智能计算机程序系统，其内部含有大量的某个领域专家水平的知识与经验，它能够应用人工智能技术和计算机技术，根据系统中的知识与经验，进行推理和判断，模拟人类专家的决策过程，以便解决那些需要人类专家处理的复杂问题，简而言之，专家系统是一种模拟人类专家解决领域问题的计算机程序系统。

1980s
计算机视觉和语音识别领域取得突破

计算机视觉和语音识别领域取得突破，使计算机能够识别图像和语音。计算机视觉是以图像（视频）为输入，以对环境的表达和理解为目标，研究图像信息组织、物体和场景识别，进而对事件给予解释的学科。语音识别技术是指机器自动将人的语音转成文字的技术，又称自动语音识别技术。

1990s
机器学习技术迅猛发展

在机器学习领域，诞生了两种经典的算法：SVM 和 AdaBoost，这两种算法引起了学界的广泛关注。SVM 代表了核技术的胜利，这是一种思想，通过隐式地将输入向量映射到高维空间中，使原本非线性的问题能得到很好的处理。而 AdaBoost 则代表了集成学习算法的胜利，通过将一些简单的弱分类器集成起来使用，能够达到较高精度。

1997
AI"深蓝"战胜棋王 Kasparov

机器学习引领 AI"深蓝"战胜棋王卡斯帕罗夫（Kasparov）。Kasparov 曾 11 次获得国际象棋奥斯卡奖，是国际象棋史上的奇才，被誉为"棋坛巨无霸"。当时"深蓝"的运算能力在全球超级计算机中居第 259 位，每秒可运算 2 亿步。

2003
Google 在现代大数据技术领域取得进展

Google 公布了 3 篇大数据奠基性论文，为大数据存储及分布式处理的核心问题提供了思路：非结构化文件分布式存储（good file system，GFS）、分布式计算（MapReduce）及结构化数据存储（BigTable），并奠定了现代大数据技术的理论基础。

2006
深度学习概念被正式提出

英国科学家杰弗里·辛顿（Geoffrey Hinton）

以及他的学生鲁斯兰（Ruslan Salakhutdinov）正式提出了深度学习的概念（deep learning），开启了学术界和工业界深度学习的浪潮。2006年也被称为深度学习元年，Geoffrey Hinton 也因此被称为"深度学习之父"。

2016
"阿尔法狗"战胜人类围棋世界冠军

谷歌围棋人工智能"阿尔法狗"（AlphaGo）与韩国棋手李世石对弈并以 4∶1 的成绩获胜，这场"人机大战"成为人工智能史上一座新的里程碑，也再次为人工智能技术做了科普。"阿尔法狗"是一款围棋人工智能程序。其主要工作原理是"深度学习"。

2016
张钹院士提出第三代人工智能雏形

清华大学人工智能研究院院长、中国科学院院士张钹教授阐述了自己对于"第三代人工智能"的看法。他认为，第三代 AI 发展的思路是把第一代的知识驱动和第二代的数据驱动结合起来，通过利用知识、数据、算法和算力等 4 个要素，构造更强大的 AI，目前存在双空间模型与单一空间模型两个方案。

2017
中国开发类人机器人索菲亚

中国香港的汉森机器人技术公司开发的类人机器人索菲亚，是历史上首台获得公民身份的机器人。索菲亚看起来就像人类女性，拥有橡胶皮肤，能够表现出超过 62 种自然的面部表情。其"大脑"中的算法能够理解语言、识别面部，并与人进行互动。

2020
谷歌实现蛋白质三维结构的精确预测

谷歌旗下 DeepMind 的人工智能系统 AlphaFold 2 有力地解决了蛋白质结构预测的里程碑式问题。它在国际蛋白质结构预测竞赛上击败了其余的参会选手，精确预测了蛋白质的三维结构，其准确性可与冷冻电子显微镜、核磁共振或 X 射线晶体学等实验技术相媲美。

2022—2023
ChatGPT 带动大模型爆发

2022 年，OpenAI 研发出 ChatGPT，这一人工智能驱动的自然语言处理工具能基于在预训练阶段所见的模式和统计规律，实现自然交流，还能完成多种任务。2023 年，众多大语言模型产品涌现，如谷歌 Gemini、xAI Grok 及国内的文心一言、云雀等，性能不断升级。它们在复杂任务处理上表现出色，广泛应用于医疗、教育、金融等领域，辅助决策、提供个性化服务。

10.2 大语言模型及其生态：通用智能世界的星星之火

智能时代的曙光已经出现在地平线上。自从 ChatGPT 发布以来，大语言模型浪潮席卷全球，它的出现超出了人们对于通用人工智能的既有预期，更开启了无限可能的新篇章。从 GPT-4 Turbo 的创新突破，到多模态大模型和具身智能的探索，每一步都带领人类更加接近智能时代。另外，AI 在科学研究领域的应用愈发火热，各类"AI+"科学层出不穷，不少科学任务取得了突飞猛进的发展。我们已经站在智能世界的门槛上，从大语言模型、多模态、具身智能到 AI 科学，每一步进展都似乎在催促我们：准备好迎接一个全新的智能世界。

10.2.1 智能世界的星星之火

2013 年底，随着中国颁发 4G 牌照，移动互联网的大幕正式拉开。4G 带来的高速网络犹如一片肥沃的土壤，各种移动互联网应用在这片土壤上蓬勃发展。现在，我们将目光转向 AI，似乎又站在了这样的一片充满潜力的土壤之上。2022 年 11 月 30 日，OpenAI 低调地发布了 ChatGPT，仅仅两个月后，它已成为当时全球用户增长最快的应用。ChatGPT 不仅超越了人们对通用人工智能的既有预期，更像是一片未开垦、充满无限可能的新土壤。以 OpenAI 为代表的基础模型研究企业及其下游应用开发者，正在迅速进行应用生态的构建，相信在不久的将来，这片沃土上会长出新的参天大树，如图 10-1 所示。

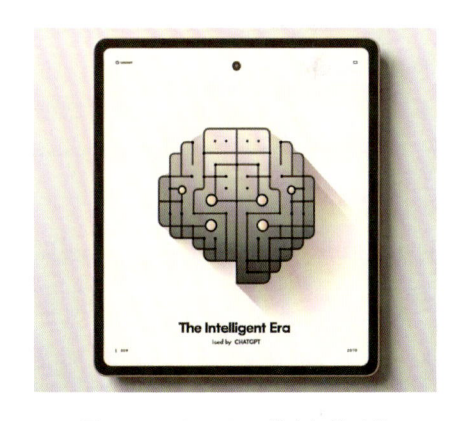

图 10-1 ChatGPT 带来智能时代

语言模型的概念早在 1950 年代就被提出，其核心为使用高维向量对自然语言进行建模和表征。通用人工智能则是一个广泛存在于科幻小说和科幻电影中的概念，描绘了一种能与人类智慧相媲美，甚至超越人类的智能实体，如漫威《钢铁侠》系列的"贾维斯"，《流浪地球》系列的"MOSS"等。在 1950 年代中期人工智能第一次浪潮中，当时兴奋的研究者认为通用人工智能将很快出现，然而到 1970 年代时，研究者意识到低估了构造通用人工智能的难度，通用人工智能的研究也陷入低谷期。随着 ChatGPT 的突破，通用人工智能再次成为焦点。当人们体验了 ChatGPT 强大的语言和逻辑推理能力后，仿佛再次看到了通用智能时代的微光。

让我们从技术的角度来窥探大语言模型强大能力的源泉。大模型的"大"、可以从两方面来理解，即模型参数量大、训练数据规模大。这两个因素在大型语言模型的设计和训练中起着至关重要的作用，它们共同推动了模型的智能表现和应用范围的扩展。OpenAI 在 2020 年提出的 GPT-3 模型采用了 Transformer 解码器架构，拥有 1750 亿个参数，需要超过 700 GB 的磁盘空间来存储。虽然后续的 GPT-3.5 和 GPT-4[1] 的参数规模并未公开，但业界普遍认为不会低于 1750 亿。这样庞大的参数量创造了巨大的函数空间，使模型能够高效拟合复杂的自然语言内在联系。OpenAI 积累了极大规模的文本数据，包括互联网上的网页、书籍、新闻文章等。这些数据的多样性和广泛性使模型能够涵盖各种语言表达方式和主题，从而提高了其对不同领域和语境的适应能力。此外，OpenAI 还采用了人类反馈强化学习来进一步改进模型，引入了高质量的人工标注数据，帮助模型更好地理解和生成自然语言。

10.2.2　OpenAI 的进阶之路

2023 年 11 月 6 日，OpenAI 在旧金山举办了首次 OpenAI DevDay 开发者大会。这次盛会由 OpenAI 首席执行官 Sam Altman 主持，被戏称为"AI 春晚"。在发布会上，OpenAI 推出了最新一代的语言模型——GPT-4 Turbo，这个模型将 GPT-4 的内部知识更新到了 2023 年 4 月，并最高支持 128 K 的上下文长度。所谓上下文长度，指的是模型在生成后续文本时，能够理解和参考的前置文本数量。拥有 128 K 的上下文长度相当于能够处理一本长达 300 页的文档内容。而搭配 Transformer[2] 机制的高度并行性和自注意力机制仅为平方级别的时间复杂度，模型可以迅速阅读完一本 300 页的书并根据书里的内容回答问题。除此之外，GPT-4 Turbo 还在推理性能和速度上有所提升[3]。

除了对基础模型本身的升级，本次开发者大会的最大看点在于 OpenAI 在构建其生态平台方面的积极尝试。OpenAI 提出了"GPTs"，宣称它是"属于每个人的 GPT"。这一功能使用户能够在一定程度上根据其个人需求和应用场景自定义模型，用户可以通过简单的自然语言的交互界面实现个性化 GPT 的构建。此外，OpenAI 还发布了 GPT-store，允许用户上传和分享他们自定义的 GPT 模型，以供其他用户使用。这个平台的开放性和分享性将有助于激励开发者创新，并为开发者和研究者提供更多定制化和协作的机会。

应用程序编程接口 API 的重大升级将极大地推动 GPT 下游应用的开发和实际应用。同时，模型的可复现性也得到了显著提升，给定指定的随机化参数后，API 将会对相同的提问提供完全一致的响应。这一特性有助于减小下游应用性能的不确定性。

以上的新增特性充分说明了 OpenAI 的产品战略，这一战略侧重于培育自身的 API 下游应用。结合最近 OpenAI 在多模态领域加大投入力度，我们或许可以大胆预测 OpenAI 期望的产品形态，不仅是支持大量下游应用的基础模型供应商，而是要通过语言以及多模态带来的交互能力重塑人类与计算机的交互形式，构成一种操作系统级别的产品形态。

当然，要实现 OpenAI 的产品战略仍然需要克服一些挑战，但从本次 AGI 浪潮的热度和 ChatGPT 展现出的强大能力来看，我们已经看到了人人都拥有智能助手的时代的曙光。这一愿景正在逐渐变为现实。

10.2.3 "带上她的眼睛"：多模态大模型与具身智能

传统的多模态模型通常指的是图像 - 文本多模态，即训练模型完成需要同时考虑两种模态信号的任务，如视觉问答等任务[4]。随后，其他多种模态信号相继涌现，包括语音、视频信号，生物分子和蛋白质数据，以及实体机器人的反馈信号和操作接口，这些都成为可以融合在一起的"多模态"信号。图 10-2 展示了一种 AI 智能助手。提升多模态模型的能力，是通用人工智能迈向下一个阶段的重要里程碑[5]。

具身智能是指具有身体并支持物理交互的智能体。在此前，具身智能是一个更偏向于强化学习的概念，但在大语言模型强势爆发的今天，人们发现大模型强大的指令理解和动作规划能力能够作为机器人的"大脑"指挥机械身体完成指定任务。例如，谷歌新发布的针对机器人的大模型 PaLM-E 能够听取语言指令并整理桌面上不同颜色的积木块[6]；微软则新公布了一个由 ChatGPT 驱动的家用机器人。具身智能体在制造业工厂等场景中具有巨大的应用潜力。例如，在制造业中，这些机器人可以负责

物料搬运、装配操作、品质检验等任务，从而提高生产效率和质量。另外，医疗领域也可以受益于具身智能，例如，在手术中机器人可以辅助医生进行精确的操作，减少风险并提高手术成功率。此外，具身智能还有望在危险环境中执行任务，如火灾救援、核辐射清理等，减少人类暴露于危险之下的风险[7]。

图 10-2 AI 智能助手

10.2.4 "大自然的语言处理"："AI+ 科学"

除了在人类生活的各个领域应用外，人工智能在科学研究领域的应用也受到了越来越多的关注。人工智能在理解高维度数据、挖掘海量数据中的结构、规律和相互关系方面表现出非凡的能力，因此在科学研究中具有巨大的潜力。以蛋白质为例，蛋白质是由氨基酸序列构成的，这 20 种不同的氨基酸按照特定的顺序排列。氨基酸序列可以被看作一种"语言"，研究者正在尝试将可以理解人类自然语言的大型模型迁移到蛋白质的语言空间，并希望这个模型能够更好地理解人类知之甚少的氨基酸序列"语

言"。ESM-2 是由 Meta 的 AI 研究院提出的 150 亿参数的蛋白质大语言模型,它使用了超过 1.38 亿条蛋白质序列,已经在相关下游任务上表现出了出色的效果[8]。

与此同时,在化学、材料科学、制药等领域,科学智能的革命也在蓬勃发展。在制药领域,人工智能已经被广泛应用于药物早期虚拟筛选、靶点对接预测、交互式药物设计、抗体设计、分子性质优化等任务。然而,我们也意识到,科学世界的数据模态和自然语言、图像等模态之间存在一定的差距。科学世界的数据模态,其数据组织的第一性原理是底层的粒子相互作用,而自然语言、图像等模态的第一性原理为深层语义的理解,AI 科学的范式仍有进一步研究和提升的空间[9]。

10.2.5 结　　语

在漫长而浩瀚的历史长河中,人类从未像今天这样接近迈入智能时代。如果我们能够在多模态理解和具身智能领域取得突破,一个完全由机器人构成的工厂、农田或许不再是遥不可及的梦想。这将彻底重塑人类社会的生产方式和生产力格局,之前备受争议的"第四次工业革命",以 AI 技术为代表,将势不可挡地来临。到那时,世界将迎来全新的格局,生产关系将发生深刻的变革,甚至可能重新定义人类对自身所谓的"智能"和"智慧"的理解。

科技行业领袖集体呼吁重视人工智能安全并非危言耸听,没有人能预测 AI 发展成熟后对人类社会的影响会有多大。但从目前的技术来看,距离上述智能时代还有着相对远的距离,仍然存在许多技术障碍需要克服。但无论如何,在 ChatGPT 时代,我们总算是看到曙光出现在了地平线上。

谭海川

参考文献

[1] OpenAI. GPT-4 Technical Report, arXiv preprint arXiv: 2303.08774, 2023.

[2] Vaswani A, Noam S, Niki P, Jakob U, et al. Attention is all you need. neural information processing systems, arXiv preprint arXiv: 1706.03762, 2017.

[3] Hu E J, Shen Y, Wallis P, et al. 2021. LoRA: Low-rank adaptation of large language models. arXiv preprint arXiv: 2106.09685, 2021.

[4] Li C, Gan Z, Yang Z, et al. 2023. Multimodal foundation models: from specialists to general-purpose assistants, arXiv preprint arXiv: 2309.10020, 2023.

[5] Yang Z, Li L, Lin K, et al. The dawn of LMMs: preliminary explorations with GPT-4V(Ision), arXiv preprint arXiv: 2309.17421, 2023.

[6] Driess Danny, Fei Xia, MehdiS M Sajjadi, et al. PaLM-E: An embodied multimodal language model, arXiv preprint arXiv: 2303.03378, 2023.

[7] Liu F, Guan T, Li Z, et al. Hallusion Bench: You see what you think? Or you think what you see? An image-context reasoning benchmark challenging for GPT-4V(Ision), LLaVA-1.5, and other multi-modality models, arXiv preprint arXiv: 2310.14566, 2023.

[8] Jumper J, Richard E, Alexander P, et al. Highly accurate protein structure prediction with AlphaFold[J]. *Nature*, 2021, 596: 583-589.

[9] Guu K, Levy O, Rajpurkar P, et al. REALM: Retrieval-augmented language model pre-training. arXiv preprint arXiv: 2002.08909, 2020.

第 11 章	湿气发电技术：实现高效、绿色的清洁能源收集	111
第 12 章	钙钛矿太阳能电池技术：光伏电池新势力	119
第 13 章	光/电催化绿氢制备技术：用掺杂剂精准调控异质结构的内电场	125
第 14 章	靶向蛋白质稳定技术：从蛋白保卫战到小分子药物最前线	131
第 15 章	下一代工业生物技术：以细菌为工厂，实现绿色生产	139
第 16 章	柔性脑机接口：活体融合电子，脑机探索未来	145
第 17 章	空间碎片的预防与清除技术：处理头顶上的垃圾场	151
第 18 章	混合现实技术：触摸现实世界的虚拟质感	157
第 19 章	隐私计算技术：互联网司法科技的应用场景与行业发展	163
第 20 章	智慧司法技术：司法视角下的大模型评测体系	171

下 一 代
创新科技

Next-Generation
Innovative Technologies

下 篇

未来领域科技展望

Outlook for the Future Technology

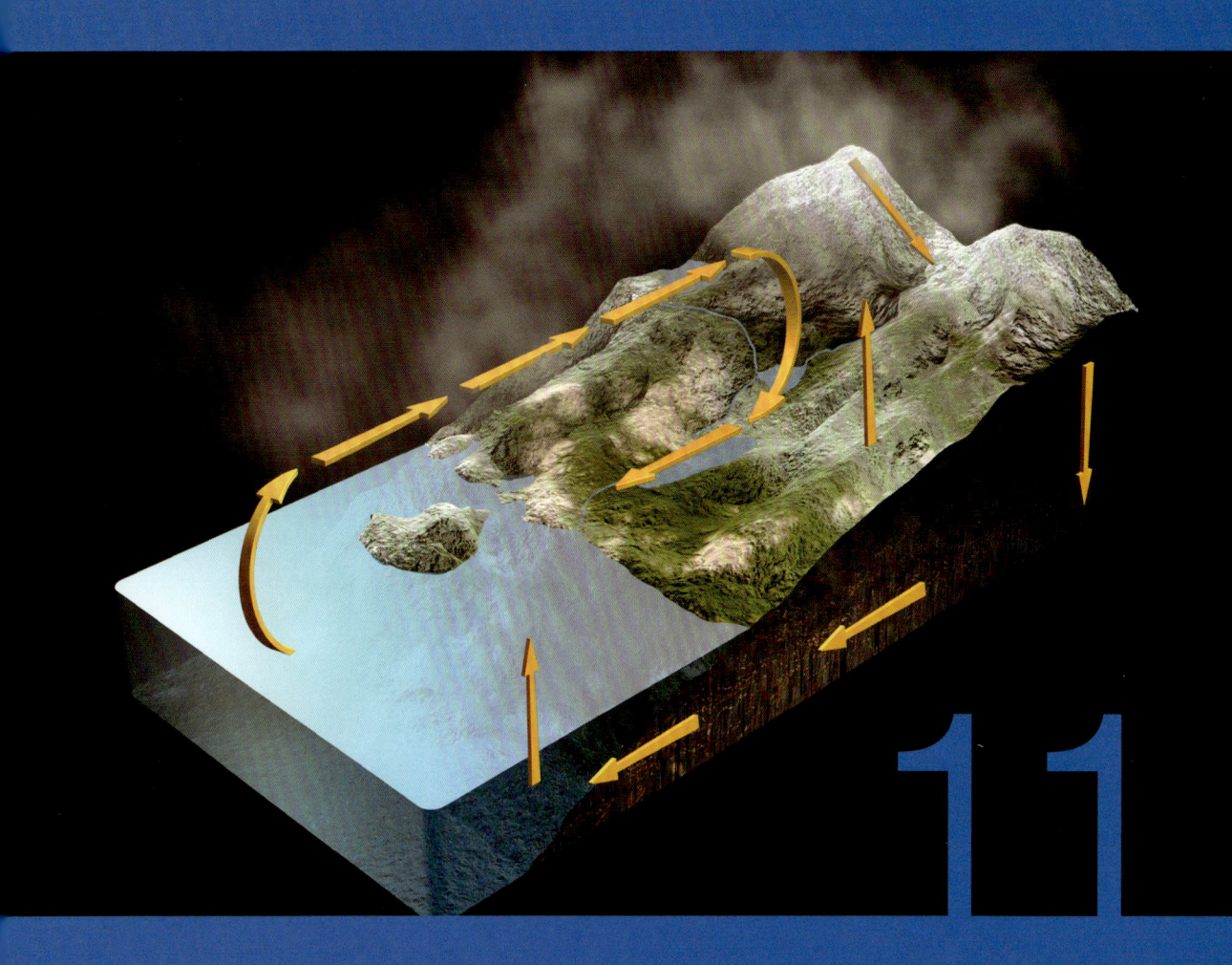

第 11 章

湿气发电技术：
实现高效、绿色的清洁能源收集

绿色能源技术对于社会的发展起着极其重要的作用。传统的发电技术主要基于电磁感应原理，利用化石能源的燃烧获得电能。该过程会产生大量一氧化碳、二氧化硫等有毒气体，造成严重的环境污染。此外，化石燃料作为一次能源，在地球中的储量有限，且不可再生。湿气发电技术作为一种全新的绿色能源收集技术，利用纳米材料与环境中无所不在的湿气之间的相互作用，直接产生电能。该技术具有低成本、高效、环保、可循环使用等特点，适用范围非常广泛，在物联网、柔性电子器件等领域展现出巨大的应用前景。

11.1 前　言

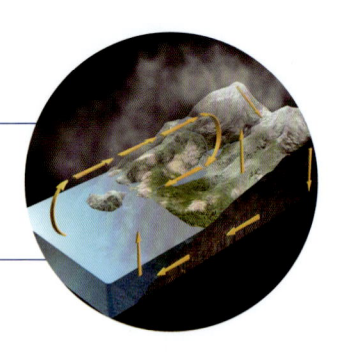

近年来，随着纳米技术的兴起，很多新型的能量收集技术被开发出来。这些技术利用周围环境中广泛存在且数量巨大的能量源，可以进行高效的电能获取。人们已经成功开发了太阳能电池、风力发电机等装置，将无处不在的太阳能、风能等转化为可直接使用的电能，为日常活动提供便利。这些新型的能源转化技术不仅绿色环保，不会对环境造成污染，而且可以循环利用，有利于社会的可持续发展。但是，它们必须依赖于特定的气候环境与地理位置，比如，太阳能电池在下雨天、黑夜无法工作，而风力发电机一般需要安装在高原、海洋等气流丰富的开阔地带，且相关设备的投入巨大，对于资金以及基础设施要求较高。因此，这些发电技术的适用场景都具有一定的局限性。

地球表面 71% 的区域被水覆盖，水吸收太阳辐射到地球表面能量的 70%。全球水循环过程中动态吸纳释放的能量的年平均功率高达 60 万亿千瓦（10^{15} 瓦），比全人类目前年平均能量消耗功率高 3 个数量级[1]。此外，水在人体中的重量超过 70%，在细胞里的含量可达 80%。水作为能量与物质传输的载体，是维系生命体活动不可缺少的部分。利用价格低廉、资源十分广泛的水来发电是人们一直追求的目标。早在公元前 400 年左右，我国古代劳动人民就成功开发了水力装置，利用水从高处到低处流动时的重力势能变化来进行机械传动。近代水轮机的发明与应用，也能够实现水能到电能的直接转化，但相关发电设备庞大、造价高昂，且必须安装在水流湍急、水力资源丰富的位置，使用范围受到一定的限制。此外，湿气，即气态的水，在环境中的分布极其广泛，不受地理位置、气候变化等因素的影响，非常容易获取，其蕴含的能量巨大，却很少被有效开发利用。自然界中的水循环过程如图 11-1 所示。

图 11-1　自然界中的水循环示意

11.2 湿气发电技术的基本原理

水在自然界中存在气、液、固三种状态。当水发生气态到液态转变时，会释放出巨大的能量。理论上，1 克水从气态到液态相变过程可以产生高达 2260 千焦的能量，与常规的 AAA 干电池相当。利用水分子与纳米材料的相互作用，将上述过程中水分子从气态到液态相变过程中的能量收集起来转化为电能的技术，即湿气发电技术[2]。

以光电效应为例，半导体材料受到光照激发时，会诱导材料内部电子-空穴分离并分别向阴极与阳极两端迁移，在内部形成内建电场，从而产生电能。湿气发电技术的工作原理主要是基于湿电效应[3]。当纳米材料接触湿气时，在溶剂化作用下湿气会诱导纳米材料内部的含氧官能团解离，产生正负电荷，而由于正负电荷尺寸上的差异（正电荷往往为较小的质子）以及空间限域作用，材料内部仅产生正电荷的定向迁移，从而产生电能（图 11-2）。

具体过程为：通过物理或者化学的方式在材料内部构建梯度结构（如官能团梯度或水含量梯度）。当湿气吸附时，会诱导材料内部的化学官能团解离，产生可自由迁移的阳离子。由于阴离子尺寸较大，且限域在大的共轭结构或者长链上而无法迁移[4]，因此，在材料内会形成阳离子的梯度结构，在离子浓度梯度的作用下，阳离子从高浓度区域向低浓度区域扩散，当外接负载形成回路时，则会在外电路中产生电能输出。当湿气脱附时，阳离子会在阴离子所产生的电场力作用下回到原来的位置，从而完成一个产电循环（图 11-3）。

上述产电过程依赖湿气的动态吸脱附以及离子的迁移过程。由于湿气是唯一的外界物质源，因此该产电过程非常绿色环保、没有任何污染的副产物，且高度可逆，是一种高效的绿色能源收集技术。

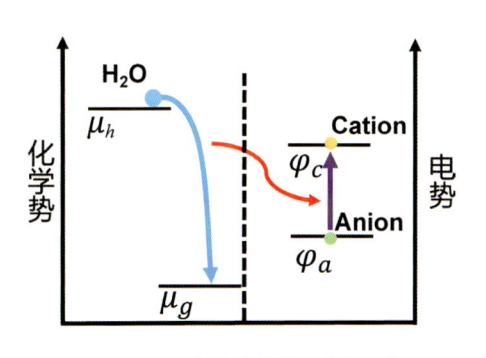

图 11-2 湿气发电的能量转化示意

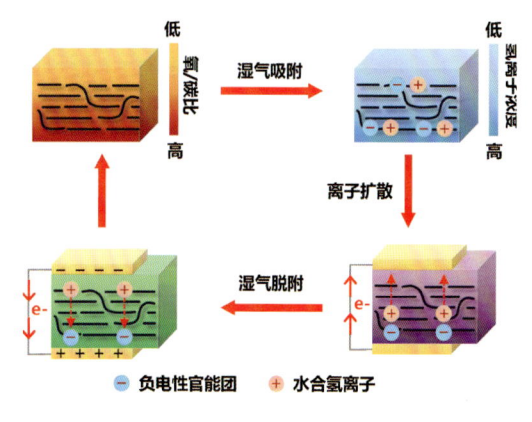

图 11-3 湿气发电的物理过程

11.3 高效湿气发电材料的发展

作为湿气发电技术的核心，纳米材料的开发与设计起着至关重要的作用。湿气发电材料发展过程中，主要有三个重要的考量因素：内部梯度结构的构建、良好的湿气吸脱附能力以及丰富的化学官能团。构建梯度结构的方法可以大致分为两种：一种是通过物理或者化学的方式在材料内部构建含氧官能团的梯度。常见的方式是利用湿气辅助的电化学极化法[2]，诱导材料在电极两端分别发生氧化、还原反应，从而形成化学官能团的梯度结构。但是这种方法对于材料的均匀度要求较高，经常由于施加电压过高或时间过长导致材料被击穿，进而失效。研究人员随后发展了激光辐照[5]以及定向热还原[6]等技术，利用局部的紫外或者热还原技术，可以实现快速、高效的梯度结构构建，达到与电化学极化法类似的效果。另一种方法是在均质材料内部构建水分子的梯度[7]。通过单向湿气刺激或者借助器件结构设计，让湿气从某一方向定向施加到材料内部。由于材料内部化学官能团所处的化学环境（主要是水含量的区别）发生变化，溶剂化作用会使内部形成相应的非均匀的离子解离，进而得到离子浓度梯度，这也可以用于湿气发电。

由于湿气是诱导材料内部离子解离的关键因素，因此，材料对于湿气刺激的响应能力在湿气发电过程中起着非常重要的作用。一方面，快速的湿气吸脱附特性可以保证湿气产电过程的高度可逆。氧化石墨烯作为一种石墨烯的氧化物，是一种典型的二维材料，比表面积巨大，且含氧官能团丰富，对于湿气具有非常快速的响应能力。研究人员开发了基于氧化石墨烯的一系列湿气发电材料，包括一维纤维、二维薄膜以及三维泡沫等多种组装体。此外，对材料基础单元进一步纳米化调控，可以得到氧化石墨烯纳米带、量子点等结构[8]。另一方面，就性能而言，超吸湿性可以保证材料内部吸收足够多的水分子，从而可以解离出更多的可迁移阳离子，有利于输出性能的提升。研究人员利用吸湿性高分子材料[9]作为功能层，可以显著提高湿气发电器件的输出性能，得到数量级的提升。此外，利用材料复合的策略，将氧化石墨烯和吸湿性高分子复合，也可以实现类似的效果，且材料的适用范围可以得到进一步的拓展，实现全天候、全地域的湿气产电[10]。

化学官能团的调控对于湿气发电性能的提升同样有着显著的影响。一方面，湿气与不同化学官能团的相互作用具有显著的差别，具体体现在湿气吸附能力上的差异；另一方面，在湿气作用下，化学官能团的解离作用也各不相同，如磺酸基团与湿气结合作用更强。同时，在湿气作用下也更加容易解离，意味着可以产生更多的阳离子，从而表现出优异的输出特性。通过化学修饰的方式可以在不同的基底材料上嫁接官能团，也可以实现对材料官能团的设计与调控。但受限于化学合成策略，官能团的密度往往无法很高。除了以氧化石墨烯为代表的碳材料外，二氧化钛、聚吡咯、聚多巴胺、木质素、细菌蛋白等生物材料等同样具有丰富的含氧官能团，也可以在湿气的刺激下产生电能，表面湿气产电这一现象具有一定的普适性[4]。

11.4 湿气发电技术的应用

作为一种新型的绿色能源技术，湿气发电不仅可以实现高效的电能转化，同时，产生的电能也非常可观。经过短短几年的发展，湿气发电技术已经取得了非常大的进步，单个湿气发电器件的输出电压已经从几十毫伏到超过 1 伏，能够给常见的小型电子器件供电。例如，通过器件集成的方式，可以有效将湿气发电器件产生的电能存储在电容器上，成功驱动 LED 灯泡、手表、小型马达等电子器件的工作（图 11-4）[5]。

湿气发电器件本身对于外界湿气的刺激具有非常灵敏的反应，在传感领域也展现出巨大的应用潜力。日常生活中，人体呼吸过程会产生大量的湿气，且呼吸的频率与人体的运动状态密切相关。基于此，利用湿气发电器件可以实现对人体呼吸的传感，进而感知人体的心脏跳动等生理信号，实现对人体健康的检测[2]。另外，人体活动中会通过皮肤进行排汗，从而与外界进行换热，以维持温度的平衡。利用湿气发电器件对于湿气的快速响应特性，可以感知人手指部分湿气的变化，进而进行对人体动作的识别与追踪，实现无接触式的湿度传感[11]。

此外，湿气发电器件也可以制成织物或者集成到口罩、衣服等纺织品上，或者加工成柔性的能源包，应用到可穿戴电子器件领域。湿气发电技术中一个有待探索的应用领域是物联网。物联网是由大量分布式的微小传感器组成，如何为这些微小型器件供电是一大挑

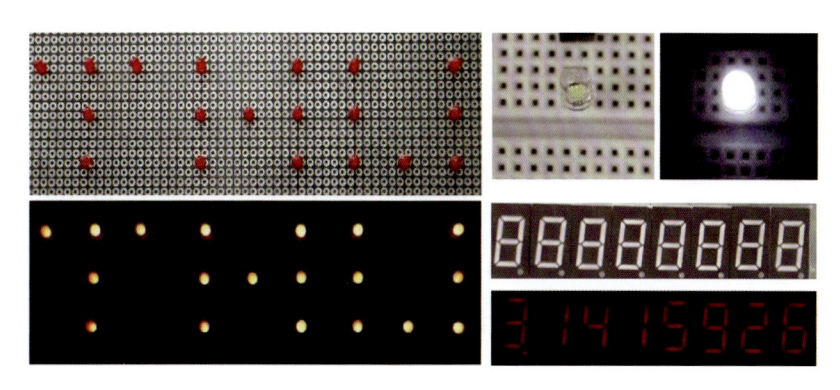

图 11-4　湿气发电器件驱动 LED 灯泡等电子器件工作

引自：《自然通讯》（*Nature Communications*）[5]

战。传统的电池或者电容器物理尺寸上很难做小，二次充电也是一大难题。而湿气发电器件可以直接从周围环境中吸收湿气，并转化为电能，具有绿色可循环的特点，同时，还可以重复使用，借助激光加工等成熟的工业化手段可以实现微小型湿气发电器件的加工与制备，这些都有望在物联网领域展现出巨大的应用前景（图 11-5[12, 6, 13]）。

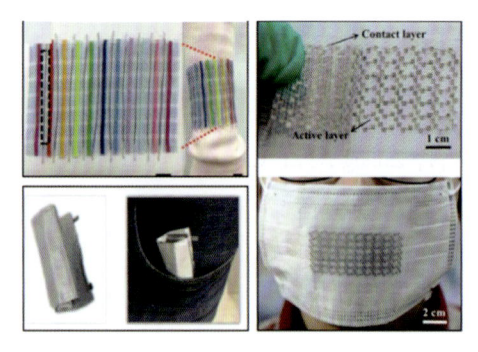

图 11-5　柔性湿气发电器件织物
左上图引自：*Nano Energy*[12]，左下图引自：*Energy and Environmental Science*[6]，右图引自：*Nano Energy*[13]

11.5 湿气发电技术的挑战

湿气发电技术最早在 2015 年由曲良体教授课题组[2]提出。经过短短几年的发展，湿气发电器件的性能已经得到了数十倍的提高，单个器件的输出电压已经与单节干电池相当。湿气发电材料也得到了有效的发展，碳材料、无机材料、高分子材料、生物材料等新型湿气发电材料不断涌现。基于湿气发电技术的应用不断兴起，在能源供给、传感、可穿戴电子等领域展现出巨大的应用前景。但作为一种新型的绿色能源技术，湿气发电技术在真正走向应用之前仍然存在诸多挑战。首先，单个湿气发电器件的输出电流还太低（微安量级），输出功率（微瓦）难以满足中小型电子器件的需求。其次，目前的研究还主要聚焦在单个器件上，缺乏有效的器件加工与制备技术，导致湿气发电器件大规模集成依然受限。此外，湿气发电材料的机械特性与器件性能的稳定性也是一大挑战。从湿气发电的机理、湿气与材料的相互作用，到设计高性能湿气发电材料，以及湿气发电技术的大规模应用等，都面临诸多问题，这需要物理、化学、材料以及机械等众多领域科研工作者的积极参与，不断推动湿气发电技术的发展与应用。

黄亚鑫

参考文献

[1] Zhang X, Li X, Yin J, et al. Emerging hydrovoltaic technology[J]. *Nature Nanotechnology*, 2018, 13: 1109-1119.

[2] Zhao F, Cheng H, Zhang Z, et al. Direct power generation from a graphene oxide film under Moisture[J]. *Advanced Materials*, 2015, 27: 4351-4357.

[3] Bai J, Huang Y, Cheng H, et al. Moist-electric generation[J]. *Nanoscale*, 2019, 11: 23083-23091.

[4] Zhao F, Liang Y, Cheng H, et al. Highly efficient moisture-enabled electricity generation from graphene oxide frameworks[J]. *Energy and Environmental Science*, 2016, 9: 912-916.

[5] Huang Y, Cheng H, Yang C, et al. Interface-mediated hygroelectric generator with an output voltage approaching 1.5 volts[J]. *Nature Communications*, 2018, 9: 4166.

[6] Cheng H, Huang Y, Zhao F, et al. Spontaneous power source in ambient air of a well-directionally reduced graphene oxide bulk[J]. *Energy and Environmental Science*, 2018, 11: 2839-2845.

[7] Liang Y, Zhao F, Cheng Z, et al. Electric power generation via asymmetric moisturizing of graphene oxide for flexible, printable and portable electronics[J]. *Energy and Environmental Science*, 2018, 11: 1730-1735.

[8] Cheng H, Huang Y, Shi G, et al. Graphene-Based Functional Architectures: Sheets Regulation and Macrostructure Construction toward Actuators and Power Generators[J]. *Accounts of Chemical Research*, 2017, 50: 1663-1671.

[9] Xu T, Ding X, Huang Y, et al. An efficient polymer moist-electric generator[J]. *Energy and Environmental Science*, 2019, 3.

[10] Huang Y, Cheng H, Yang C, et al. All-region-applicable, continuous power supply of graphene oxide composite[J]. *Energy and Environmental Science*, 2019, 12: 1848-1856.

[11] Cheng H, Huang Y, Qu L, et al. Flexible in-plane graphene oxide moisture-electric converter for touchless interactive panel[J]. *Nano Energy*, 2018, 45: 37-43.

[12] Shao C, Gao J, Xu T, et al. Wearable fiberform hygroelectric generator[J]. *Nano Energy*, 2018, 53: 698-705.

[13] Liang Y, Zhao F, Cheng Z, et al. Self-powered wearable graphene fiber for information expression[J]. Nano Energy, 2017, 32: 329-335.

第 12 章

钙钛矿太阳能电池技术：光伏电池新势力

近十年来，钙钛矿太阳能电池的身影频频出现在国际顶级学术期刊上，不断刷新的效率记录吸引着无数人的目光。而最近钙钛矿相关企业纷纷获得融资的新闻似乎表明，这个学术顶级期刊上的大热门已经摇身一变成为资本竞相争逐的"香饽饽"。不断打破效率纪录的钙钛矿，俨然成为光伏电池的新势力，吸引着全世界科研界与产业界的目光。钙钛矿太阳能电池，能成为下一代光伏技术的颠覆者吗？

12.1 狂飙突进的钙钛矿太阳能电池

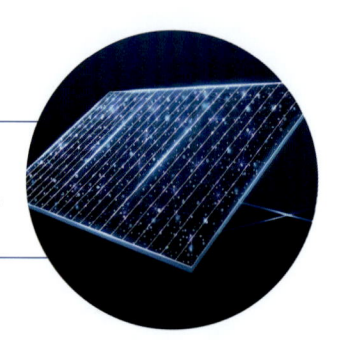

提效降本是光伏行业永恒的追求。为了实现这一目的，光伏技术不断变革，新的材料不断涌现。目前，光伏电池已经发展到第三代：第一代是晶硅太阳能电，以单晶硅/多晶硅电池最为常见；第二代是薄膜太阳能电池，是以铜铟镓硒、碲化镉等化合物材料代替晶硅；第三代是钙钛矿太阳能电池，利用钙钛矿型的有机金属卤化物半导体作为吸光材料。相比前两代太阳能电池，钙钛矿电池结合了高效率和低成本的优势，光电转换效率屡创新高，正以前所未有的发展速度，吸引着全世界科研界与产业界的目光[1]。

钙钛矿原是指一类陶瓷氧化物材料，通常具有 ABX-3 型[2]的晶体结构（图 12-1）。用于光伏电池的钙钛矿材料，其 A 位通常是某种有机基团，B 位是二价的金属阳离子，X 位是卤族阴离子，这些共同构成了有机无机杂化钙钛矿。受益于特殊的物相结构，有机无机杂化结合不仅实现了半径差别悬殊离子的稳定共存，而且同时具备了窄禁带宽度（可以通过改变成分比例调节）、高吸收系数（吸光效率是晶硅的百倍）、高载流子迁移率和扩散长度等优异性质。这些特性使极薄的钙钛矿膜层可以充分利用太阳光谱，在少量的材料成本下获得高转换效率。

钙钛矿电池的高效率不断在实验室得到验证和突破。2009 年，日本科学家宫坂力（Tsutomu Miyasaka）制备了第一片钙钛矿光伏电池，其光电转换效率（photoelectric conversion efficiency, PCE）仅有 3.8%。此后，经过韩国科学家朴哲范（Park）和英国科学家斯奈斯（Snaith）的优化，钙钛矿电池的光电转换效率突破 10% 大关。再后来，钙钛矿电池获得了越来越多研究者的关注，大量学术成果被发表在国际顶级刊物上，其光电转换效率狂飙突进，单层电池效率快速攀升至 25.7%，接近晶硅单层电池的最佳转换效率 26.81%。短短十余年内几乎追赶上晶硅光伏电池过去四十余年取得的最佳效率（图 12-2）。而单层钙钛矿电池的理论转换效率极限值预计可以达到 33%，依旧有巨大的提升空间[3]。同时，钙钛矿电池相较晶硅电池具有更低的成本：①核心材料钙钛矿纯度要求低、用量少，价格远低于晶硅；②制备流程少，节省设备投入，降低生产费用；③组件更轻薄，运输、安装费用更低。

在降本增效背景下，极高的理论效率、快速提升的实际效率、更低的生产成本，赋予钙钛矿电池巨大的发展潜力，也给予人们广阔的遐想空间。越来越多的资本争相涌入，进一步推动了钙钛矿电池的狂飙突进。

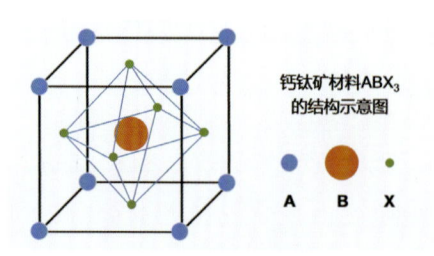

图 12-1 钙钛矿晶体结构

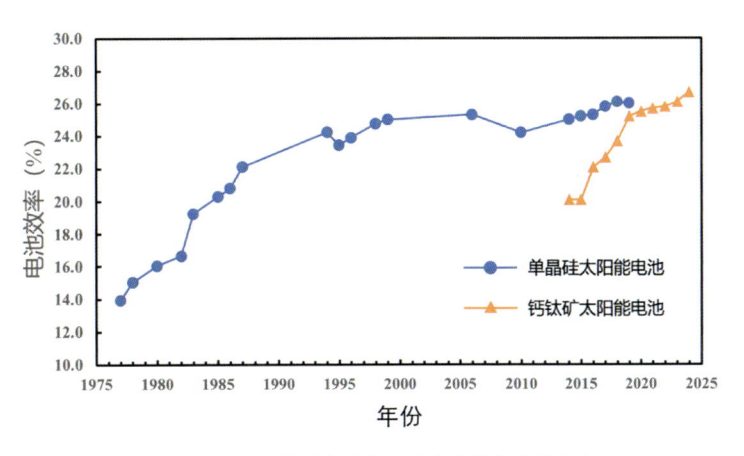

图 12-2　钙钛矿电池与晶硅电池效率进展对比

12.2 提效降本堪称完美，产业化硬伤同样突出

相比于晶硅电池，钙钛矿电池既能降本，又能增效。这么一比，其堪称完美。然而，世界上难有十全十美的事情。与钙钛矿的高效率低成本同样突出的，是它进一步产业化过程中不可避免的硬伤。

12.2.1　稳定性是最大硬伤，目前难以克服

钙钛矿电池的结构整体包括五层薄膜：透明导电玻璃（光阳极）、电子传输层（类比 N 型区）、钙钛矿材料层（光吸收层）、空穴传输层（类比 P 型区）、对电极（光阴极）。钙钛矿电池的主要结构如图 12-3 所示。各膜层的结构特性都会影响器件稳定性，其中钙钛矿材料的稳定性是决定性因素[4]。因为钙钛矿是离子型结构，涉及弱键连接，其生成温度较低，随之而来的逆分解所需能量也较低，在外界水、氧、光照条件下晶体结构容易被破坏，从而降低器件使用效率，影响使用寿命。目前，钙钛矿电池在持续光照条件下稳定工作最长时间约 1000 小时，理论寿命仅 6.8 年（按平均日照时长 4 小时计算）。相比目前晶硅太阳能电池 20~25 年的使用寿命，差距极大。尽管越来越多的学术界和产业界人士致力于解决钙钛矿电池的稳定性问题，但至今尚无良好解决办法。稳定性问题成为钙钛矿电池产业化进程中的最大硬伤。

12.2.2　大面积制备困难，优化空间大

在光伏降本增效背景下，大尺寸电池已经成为标配。然而，目前钙钛矿电池引以为傲的光电转换效率基本只存在于小面积的实验中。

面积增大不仅极大增加了各薄膜层的制备难度，而且极易出现制备不均、不稳定的问题，极大降低了钙钛矿电池的转换效率。同时，划线边缘的退化、连接区域的死区等也会进一步降低其效率。为了解决大面积制备的短板，当前"钙钛矿+晶硅"的叠层电池应运而生，热度也在持续攀升，有望率先实现量产。当然，叠层电池也面临界面和互联方面一系列的问题，等待进一步的解决。大面积制造或将成为制约钙钛矿电池产业化的一大关键因素。

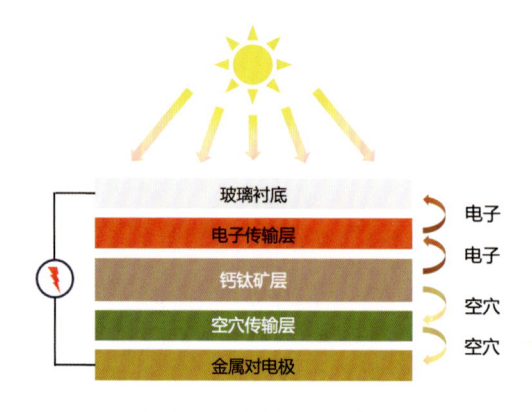

图 12-3 钙钛矿电池主要结构

12.3 产业化加速发展

钙钛矿电池的高转换效率和超高速发展，使其受到全世界科研界和产业界的广泛关注，各方资本密集涌入该赛道。近年来，国内纤纳光电、协鑫光电、仁烁光能等企业纷纷完成几千万至数亿元不等的融资。从商业化进程来看，在政策、资本的热捧下，钙钛矿电池百兆瓦级产线逐步投产，GW级产线的建设也在紧锣密鼓的推进中。从行业产线规模、项目进展来看，可以说2022年是钙钛矿产业化元年，之后几年将持续扩产加速，快速步入成熟商业化阶段。

总体来看，"初见雏形""产业化尝试"是当前国内钙钛矿行业最准确的描述。然而，在产业化尝试阶段，钙钛矿电池原材料、设备及工艺各环节的产业化存在巨大的不确定性。器件结构、材料组分、工艺方案均会影响钙钛矿电池的性能和稳定性，目前尚均未定性，存在较大的优化空间。钙钛矿电池大面积制备路线也尚未标准化，存在多种选择方案。多环节巨大的优化空间也为产业发展提供了极大的想象空间，预计会有越来越多的企业布局其中，不断推动钙钛矿产业的加速发展。

12.4 结　语

未来，钙钛矿电池的效率将不断提升，越来越多的实际应用项目也将会落地，钙钛矿的最大短板——稳定性——将在真实环境下得到检验。随着产业链各方参与者的共同推动，钙钛矿电池的发展与产业化有望提速。

江国琛

参考文献

[1] 魏静，赵清，李恒，等. 钙钛矿太阳能电池:光伏领域的新希望[J]. 中国科学：技术科学，2014，44(08): 801-821.

[2] 宋京华. 钙钛矿太阳能电池大面积组件制备的研究进展[J]. 石油化工，2023，52(01): 124-130.

[3] 巩志鑫，杨海霞，崔立志，等. 钙钛矿太阳能电池的制备方法研究[J]. 光源与照明，2023(04): 68-70.

[4] Zhang J, Ding Y, Jiang G, et al. Low-temperature sprayed SnO$_x$ nanocomposite films with enhanced hole blocking for efficient large area perovskite solar cells[J]. *Journal of Materials Chemistry A*, 2021(37): 9.

第 13 章

光/电催化绿氢制备技术：用掺杂剂精准调控异质结构的内电场

理性设计和构筑具有优异催化性能的光/电解水析氢催化剂是科技前沿的研究重点，相关研究的开展对可再生能源规模化电解水制备"绿氢"的工业化应用进程具有重要的推动作用。在催化剂内部构建内电场可以有效降低光催化中光生电子和空穴复合的概率，也能加速电催化反应中的电荷传输动力学，还能加强对反应物或反应中间体的吸附能力。然而，目前光/电催化性能远不能满足实际要求，如何对内电场进行改性，进一步提升催化效率并深入探索改性机理，建立相应的构效关系，是目前存在的关键科学问题。

13.1 内电场的基本要素

内电场源于由作用力、非中心对称结构、费米能级差或表面状态引起的不均匀电荷分布。沿着压电材料的不对称向施加的外力能够诱导压电极化，这会促进正负电荷在两个相反方向上的迁移，从而形成内电场；掺杂或缺陷导致的非中心对称结构也可以通过自发极化产生内电场；具有适当费米能级排列的异质结构材料可以自发地诱导电子重排，导致在异质界面处形成内电场。此外，表面终端原子比可以在表面和本体之间诱导显著不同的电子状态，从而形成内电场[1]。内电场在光电催化反应过程中的优势主要包括以下三点（图13-1）。

（1）调节电荷传输行为（分离、传输和复合）。当载流子进入内电场时，在电场的驱动下发生定向迁移，电子会进到电子耗尽层（V+），空穴被吸引到电子累积层（V–）。因此，通过精确控制内电场的方向和强度，可以加速电荷甚至电流的传输。对于光催化反应，内电场可以驱动电子-空穴对向相反方向自发分离和传输，并通过提供势垒来阻止其复合。

（2）创造高效的活性/吸附位点。催化剂表面对反应物/中间体的吸附能力是提高催化性能的关键因素。内电场的形成可使部分电中性材料表面靠近电离的内电场，导致在一个催

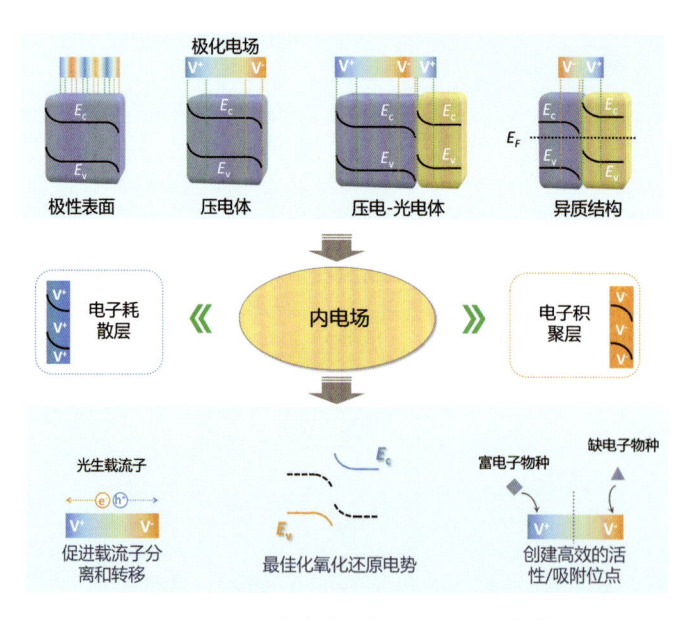

图 13-1 内电场的种类及其在催化反应中的优势

化剂体系中存在缺电子和富电子状态，其可作为活性／吸附位点，在催化反应期间捕获带相反电荷的反应物／中间体。

（3）最佳化氧化还原电势。热力学上，特定反应的驱动力取决于导带和价带之间的电位差以及反应电位。对于多组分材料，在相边界处形成内电场可以促进相对低效的电子和空穴的复合，导致具有最佳氧化还原电势的高效电子和空穴在空间上分离，"进而"在催化反应中发挥高效的作用。

13.2 磷、碳掺杂剂改性的黑色二氧化钛／磷化钴光催化剂

南开大学袁忠勇课题组通过在氢气氛围下热解有机膦酸钴和二氧化钛混合物，制备出了磷、碳双掺杂的磷化二钴／黑色二氧化钛梯型异质结光催化剂（$Co_2P/PC\text{-}b\text{-}TiO_2$）。P掺杂可以抑制由高温造成的相对高活性锐钛矿向低活性金红石的相变，原位形成了具有均匀分散性和紧密锚固结构的P、C共掺杂磷化二钴／黑色二氧化钛异质结催化剂[2]。电子从Co_2P转移间的电位差，增大了电子转移数量。P、C掺杂剂填补了b-TiO_2体相氧缺陷并增加了表面活性氧缺陷，而且调整能带结构、改善了吸光性能。

$Co_2P/PC\text{-}b\text{-}TiO_2$展现出最佳的催化性能和出色的稳定性。通过计算比活性排除了相对比表面积对催化性能的影响[图13-2（a）]，而且发现催化剂的性能与其不同氧物种的含量[图13-2（b）]并无明显线性关系，因而推测出

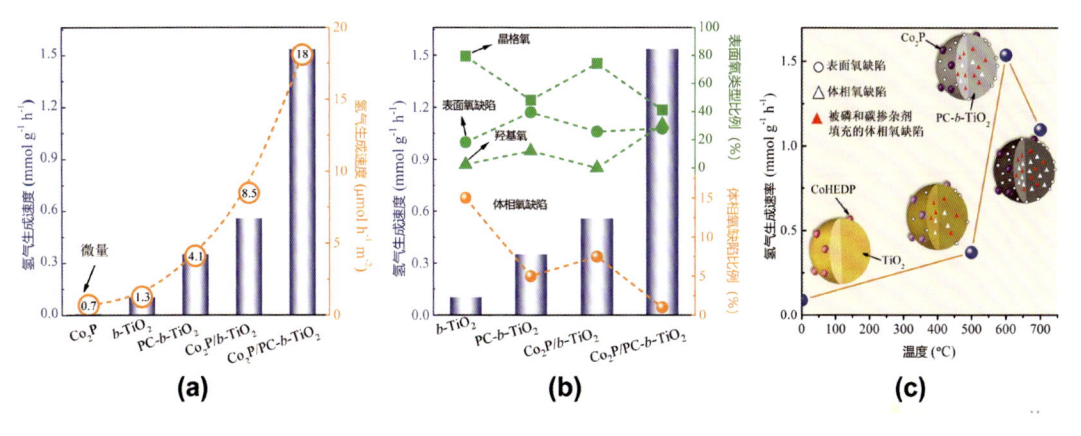

图13-2 （a）比表面积；（b）不同类型氧物种；（c）焙烧温度对光解水析氢性能的影响和相应的光催化机理探索

优异的活性可能是由其内部电场主导的。随后通过调控焙烧温度和 Co∶P∶Ti 比，对催化剂的形成机理进行了探索。高温不仅可以促使膦酸钴向 Co$_2$P 的转化，而且会在 b-TiO$_2$ 中产生大量体相缺陷，在适宜的焙烧温度可以恰好完成膦酸钴的转化，伴随产生的 P、C 掺杂剂可以填补大部分体相缺陷 [图 13-2（c）]。合适的有机膦酸配体经过焙烧后可以转化为 P、C 掺杂剂来填补体相氧缺陷，但是过量的 P、C 掺杂剂也会填补表面活性氧缺陷，造成催化活性的下降。

13.3 不同构型氮掺杂剂改性的钌/氮掺杂缺陷碳电催化剂

实际上，掺杂剂在主体材料中有多种存在形式，包括不同的价态、构型、配位结构等。为了证明这些因素对内电场的影响，南开大学袁忠勇课题组通过浸渍和随后的热解法合成了 N 掺杂缺陷碳负载的 Ru 纳米颗粒，通过改变三聚氰胺和甘氨酸的质量比来控制不同构型氮含量[3]。与其他几种氮不同，吡咯氮得电子最多，因为 Ru 通过吡咯氮与碳载体结合，吡咯氮中长电子对存在于共轭系统，使其电负性增大，可以捕捉 Ru 颗粒的电子，降低 Ru 的 d 带中心，其中吡咯氮含量越多，Ru 失去电子越多，Ru 和碳载体之间的内电场越强。

所得催化剂在 KOH 电解液中的性能优于大部分已报道的 Ru 基催化剂，且 HER 性能与吡咯氮呈现正相关性，与吡啶氮、石墨化氮之间不存在线性关系 [图 13-3（a）~图 13-3（c）]。开尔文探针力显微镜表明吡咯氮诱导更强的电子不对称性 [图 13-3（d）]。通过 DFT 计算证明界面缺电子 Ru 易吸附 H$_2$O，促进 H-OH 断裂；表面相对富电子的 Ru 易吸附 H*；吡咯氮的掺杂提供了更有利的吸附行为，加速了碱性 HER 中 Volmer-Tafel 步骤。N 掺杂剂，特别是吡咯氮在碳基底上的电子积累效应导致 Ru-NCs 上显著的不对称电子分布 [图 13-3（e）]。异质界面处的缺电子界面 Ru 位点促进水的裂解，产生 H 原子和 OH 自由基物种。然后，H 原子移动到相邻的 Ru 位点并转化为吸附的 H* 中间体。随后，H* 将通过氢溢出从界面 Ru 位点迁移到电子富集的非界面 Ru 原子。最后，表面 Ru 位点上迁移的 H* 将结合成 H$_2$ 分子，H$_2$ 分子从 Ru-NCs 表面逃逸并完成 HER 过程。

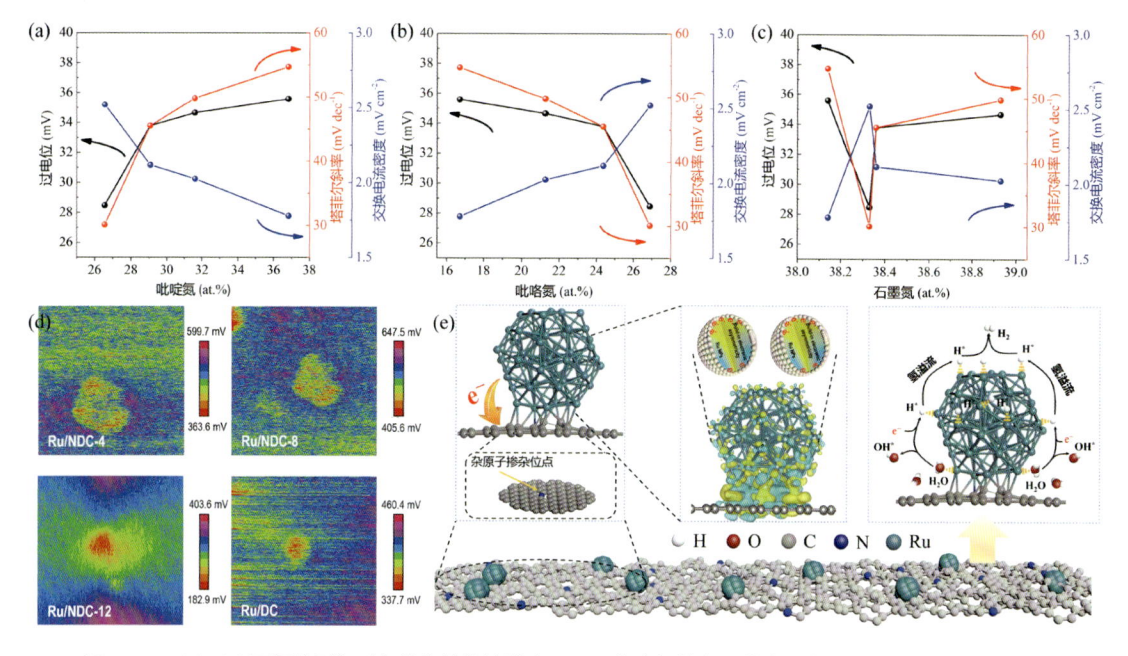

图 13-3 (a)~(c) 不同构型氮对电催化性能的影响；(d) 开尔文探针力显微镜图像；(e) 催化反应机理示意

13.4 结　语

我们开发了简单的金属膦酸盐复合物衍生的策略，在 $Co_2P/b-TiO_2$ 异质结中原位掺杂了 P、C 来调整其能带结构，从而增强了异质结构之间的内电场强度，使其在光解水产氢中发挥高效的作用。进一步，为了具体化氮掺杂剂种类与 HER 性能之间的构效关系，通过系统的实验和理论计算证明吡咯氮的掺杂引发了 Ru 到 NCs 的最大电子迁移，从而在 Ru/NCs 界面产生内电场。该异质结构中的内电场不仅加速了带正电荷的界面 Ru 位点对水的吸附和解离，还促进了带负电荷的表面 Ru 位点对氢气的吸附行为，从而同时优化了碱性 HER 中的基本步骤。因此，可以通过控制吡咯氮的含量精准地调节 Ru/NCs 的内电场强度，进而建立与 HER 性能之间的构效关系。本章所探究的掺杂剂精确修饰内电场的策略和规律的构效关系，为内电场在多功能催化中的应用提供了理论基础。

陈蕾

参考文献

[1] Chen L, Ren J, Yuan Z. Enabling Internal Electric Fields to Enhance Energy and Environmental Catalysis[J]. *Advanced Energy Materials*, 2023, 13: 2203720.

[2] Ren J, Chen L, Wang H, et al. Inducing electronic asymmetricity on Ru clusters to boost key reaction steps in basic hydrogen evolution[J]. *Applied Catalysis B*, 2023, 327: 122466.

[3] Chen L, Song X, Ren J, et al. Precisely modifying Co_2P/black TiO_2 S-scheme heterojunction by in situ formed P and C dopants for enhanced photocatalytic H_2 production[J]. *Applied Catalysis B*, 2022, 315: 121546.

第 14 章

靶向蛋白质稳定技术：
从蛋白保卫战到小分子药物最前线

蛋白质一直以来都是人类生命代谢的重要物质，同时也是关联化学、生物科学、医学等领域的重要科学研究课题。基于蛋白质稳定化角度实现关键蛋白的稳定是近年来提出的一种疾病干预治疗策略，此技术通过化学工具辅助相关蛋白的去泛素化稳定，进而为肿瘤、癌症等的治疗提供最新治疗手段。随着该领域不断发展，基于去泛素化酶靶向嵌合体 (DUBTAC) 技术的重塑嵌合体 (RESTORAC)、增强靶向嵌合体 (ENTAC) 技术横空出世，为蛋白质稳定化研究领域的技术产业化赋能发力。由此，小分子药物的开发日益成为当前靶向蛋白质稳定技术的强大支撑。

14.1 为谁而战：蛋白质稳定化研究的疾病溯源

现代化学生物学的研究与实践表明，通过化学方法实现对蛋白质功能的认识、调控与改进是当前生命科学领域的重要科学问题。据考证，人类早在古代就已经开始利用动物脏器来治疗疾病，近代以来更是通过提取动植物、微生物或者借助现代生物技术手段实现生物化学药物的大规模生产应用。其背后的原理来自于蛋白质作为一种酶能够实现生物代谢的催化，从而促使不同生命现象的出现。生命的基本特征就是物质代谢，物质代谢所依靠的生物化学反应几乎都需要酶作为催化剂，蛋白质是构成酶的化学本质。例如，透明质酸酶参与透明质酸的糖苷键催化水解过程（图 14-1），DNA 聚合酶参与催化 DNA 的复制与修复过程，糖原合酶参与糖原的合成，脂酰 CoA 脱氢酶调控脂肪酸的氧化等[1]。因此，通过研究蛋白质酶的化学结构和稳定性从而实现蛋白酶功能的调控一直以来都是生物学、化学、药学领域的重点问题。

蛋白质酶作为生命功能的主要的执行物质，其稳态直接影响细胞功能的正常发挥。在蛋白质酶行使功能后或者在合成、折叠、转运等过程中，有时会发生错误或损伤，这时需要及时启动泛素-蛋白酶体降解机制和清除计划。如果该过程出现问题，则会引发各种病变，基于此开发了分子胶水、蛋白降解靶向嵌合体（proteolysis targeting chimeras，PROTACs）等[2-6]重要的双特异性增强降解策略（图 14-2[2]）。但与此同时，某些过程中本该稳定存在的蛋白质也可能会在这个过程中因为相关调节的错误识别而被降解，因而破坏生物稳态，导致像囊性纤维化和某些形式的癌症等疾病出现。因此，我们需要思考如何实现泛素-蛋白酶体降解机制的逆向调控从而稳定相关蛋白质。

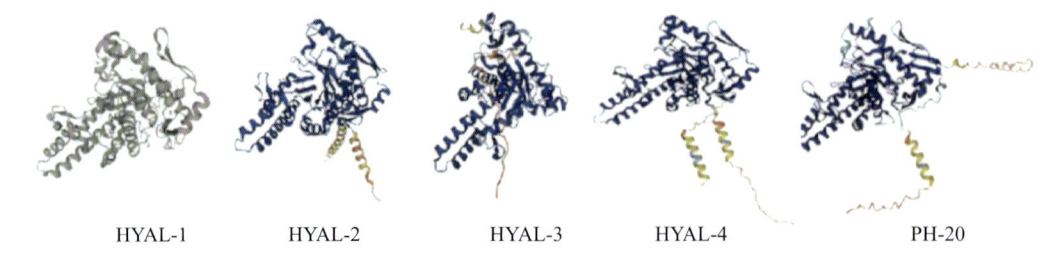

| HYAL-1 | HYAL-2 | HYAL-3 | HYAL-4 | PH-20 |

图 14-1 形态相似的透明质酸酶家族

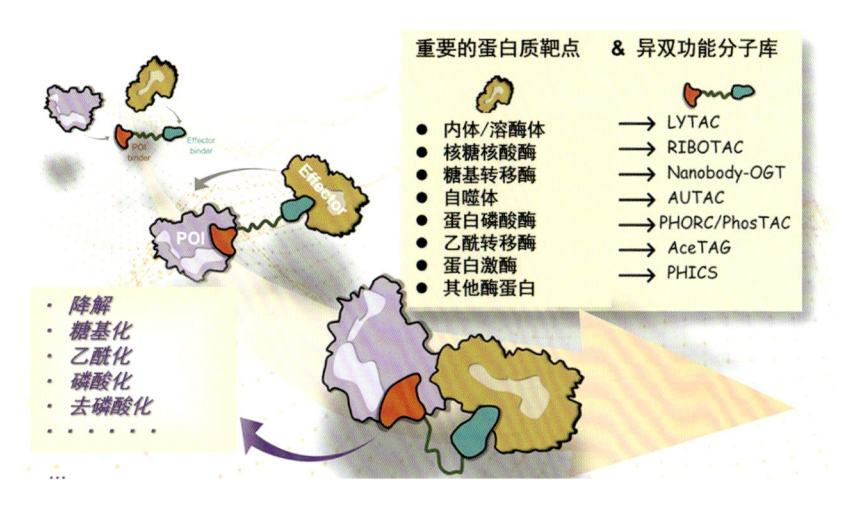

图 14-2 蛋白质降解和异型双功能分子

引自：Journal of Medicine Chemistry[2]

14.2 枪法如何：去泛素化酶靶向嵌合体（DUBTAC）技术的创新所在

在 2023 年药明康德全球论坛上，加州大学伯克利分校的丹·尼莫拉（Dan Nomura）教授提到，有些不可成药靶点需要的不是蛋白降解，而是要稳定蛋白。在他看来，一个重要的应用是反其道而行之——不是降解目标蛋白，而是让它们避免被降解。而这一保卫蛋白的想法，已经在 2022 年被他和诺华生物医学研究所合作实现。基于蛋白降解靶向嵌合体（PROTAC）的理念和靶向蛋白稳定的科学目标，去泛素化酶靶向嵌合体（deubiquitinase targeting chimeras，DUBTAC）这一技术概念于 2022 年被 Nathaniel 等人提出[3]，标志着解决蛋白质靶向稳定这一战打响了第一枪。不同于蛋白降解靶向嵌合体（PROTAC）技术的是，去泛素化酶靶向嵌合体（DUBTAC）技术关注的是一类能够通过空间邻近作用实现蛋白去泛素化作用和躲避泛素-蛋白酶体降解机制。去泛素化酶靶向嵌合体（DUBTAC）是一种异双功能小分子，它由三部分组成：去泛素酶募集分子（DUB recruiter）、蛋白质靶向配体（protein-targeting ligand），以及链接这两个结构域的接头（linker）。去泛素化酶靶向嵌合体（DUBTAC）可以稳定以泛素—蛋白酶体依赖性方式降解的特定蛋白质（图 14-3[3]）。无论从结构还是机理上来看，去泛素化酶靶向嵌合体（DUBTAC）都像是蛋白降解靶向嵌合体（PROTAC）的"反物质"。

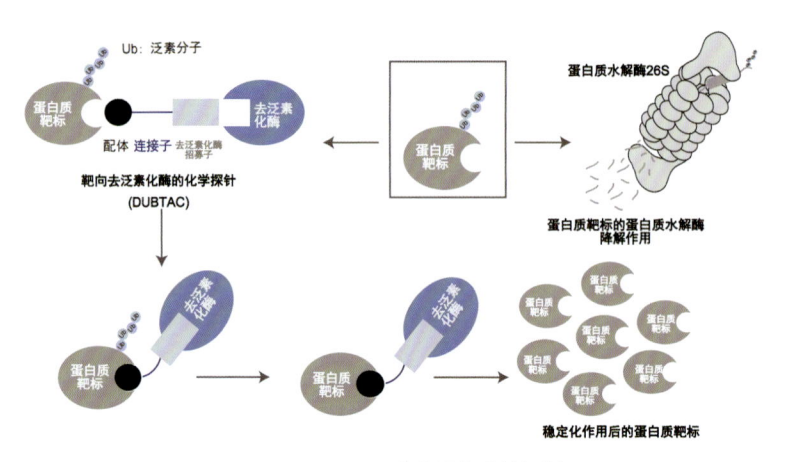

图 14-3　DUBTAC 稳定蛋白质的机制

引自：*Nature Chemical Biology*[3]

其中，十分关键的正是将去泛素化酶（deubiquitinase，DUB）的研究从先前的抑制剂开发转入激活策略的新方向。到目前为止，在人类中已发现大约 100 个 DUBs，分属于 USP、SENP、JAMM、OTU、MJD、MINDY、UCH 等 7 大家族（图 14-4）[4]。去泛素化酶（DUB）对泛素化过程不仅起着抑制作用，而且可以通过分解泛素化抑制因子、再循环泛素分子、校对泛素化进程等方式促进泛素化过程，从而与泛素化系统共同组成一个复杂的调控网络。总而言之，泛素化和去泛素化是一个整体的、动态的、特异性的生物学过程。泛素化和去泛素

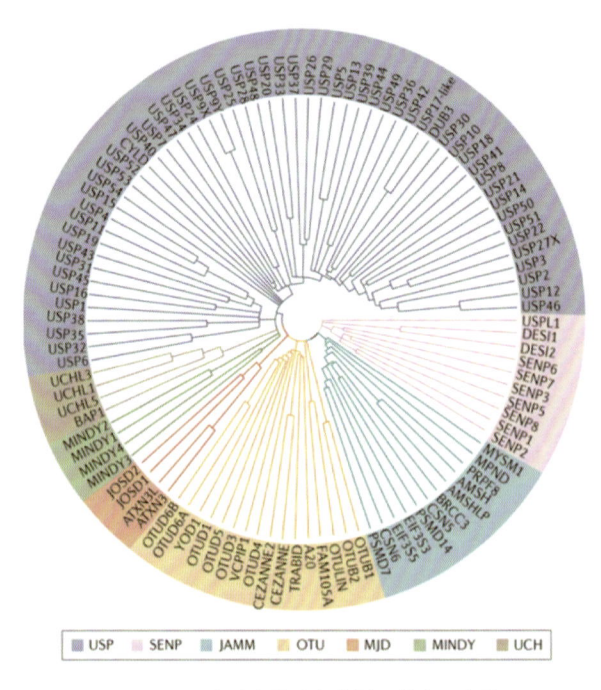

图 14-4　去泛素化酶发育树及其分属家族

引自：*Nature Review Drug Discovery*[4]

化的平衡影响了细胞内很多可溶性蛋白质的命运，调节了包括蛋白分选、蛋白降解、DNA修复、转录激活和基因沉默等大量的生物学过程。去泛素化酶靶向嵌合体（DUBTAC）的诞生引发了对泛素调控网络的重新深度思考。

14.3 百发百中：去泛素化酶靶向嵌合体（DUBTAC）的应用环境

基础研究领域针对去泛素化酶靶向嵌合体（DUBTAC）的三部分组成：去泛素酶募集分子（DUBrecruiter）、蛋白质靶向配体（protein-targeting ligand）和链接这两个结构域的接头（linker），产出了一大批相关研究成果。美国加州大学伯克利分校的纳撒尼尔（Nathaniel）等人所使用的连接结构是去泛素酶OTUB1抑制剂EN523、ΔF508-囊性纤维化跨膜传导调节因子CFTR抑制剂lumacaftor（一种用于治疗囊性纤维化的药物）和简单Linker结构组成的去泛素化酶靶向嵌合体（DUBTAC），可以实现ΔF508-CFTR蛋白的稳定，从而改善囊性纤维化症状。美国哈佛医学院的Wei等人[5]在此基础上，开发了基于转录因子（transcription factor，TF）的去泛素化酶靶向嵌合体（DUBTAC）通用平台，可以选择性地稳定肿瘤抑制因子（TF），从而为肿瘤抑制策略提供新的可能。蛋白质靶向配体（protein-targeting ligand）方面，还出现了基于抑癌激酶WEE1蛋白、难以成药的p53蛋白的化学配体设计改造，为遗传疾病和癌症治疗拓宽道路。

技术转化方面，基于去泛素化酶靶向嵌合体（DUBTAC）平台，美国加州大学伯克利分校的尼莫拉（Nomura）教授获得6500万美元A轮融资成立vicinitas therapeutics公司，目标是拯救被错误标记的蛋白质。该公司表示，这种蛋白质稳定平台是加州大学伯克利分校和诺华生物医学研究所的研究人员合作开发的、将用于开发癌症和遗传疾病的治疗方法。重塑嵌合体（RESTORAC）与去泛素化酶靶向嵌合体（DUBTAC）相似，目的是开发靶向蛋白稳定剂。美国Stablix作为这种技术的代表性公司，计划建设和利用重塑嵌合体平台RESTORETM生成新的双功能小分子，选择性地募集活性去泛素酶（DUB）来靶向蛋白质，以精确去泛素化并恢复蛋白质功能，开发治疗罕见疾病、癌症和免疫疾病。增强靶向嵌合(enhancement-targeting chimeric，ENTAC)也是与去泛素化酶靶向嵌合体（DUBTAC）相似的技术，可以稳定蛋白质，开发这种技术的代表性公司有Entact Bio。目前，该公司宣布已完成了8100万美元的A轮融资，以推进其专有的Encompass平台开发增强靶向嵌合（ENTAC）分子，其作用机制如图14-5[8]。

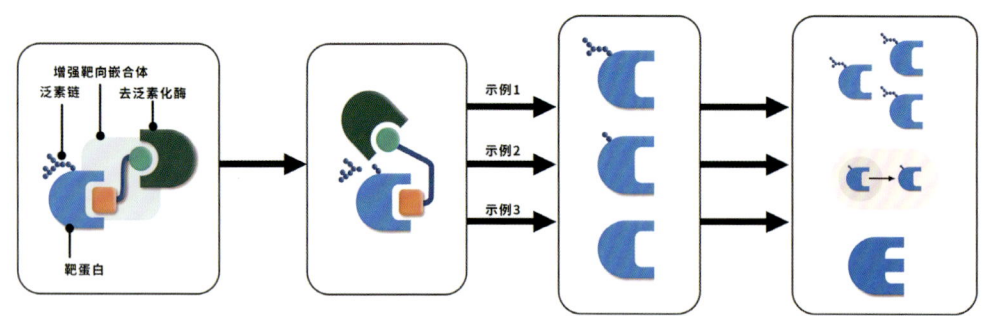

图 14-5　Entac Bio 官网的 ENTAC 作用机制示意
引自：Entac Bio[8]

14.4 一战到底：蛋白质稳定化研究领域总结展望

蛋白质稳定化研究当前和未来都始终致力于关键蛋白的稳定目的，通过各种手段实现蛋白质的保护和免降解作用，在基础领域揭示更深层次的生命科学问题，在技术转化方面实现药物产业的再次腾飞，具有重要意义。基于去泛素化酶靶向嵌合体（DUBTAC）技术、重塑嵌合体（RESTORAC）技术、增强靶向嵌合体（ENTAC）技术的小分子药物设计仍然是当前蛋白质稳定化研究的热点和发展方向，嵌合体的研究已经覆盖泛素化/去泛素化、磷酸化/去磷酸化、乙酰化、抑制作用、转录作用等过程[7]。而基于蛋白质稳定技术的小分子药物开发也具有以下特点。

高度定制化。小分子药物将更加注重针对个体的特异性治疗，实现精准诊疗。基于蛋白质稳定技术的小分子药物开发将结合患者基因组、蛋白质组和代谢组的深入研究，根据患者的遗传背景和疾病特征设计出更加精确的治疗方案。

多靶点作用。小分子药物将更加注重多靶点的作用机制。传统的药物研发往往只针对单一的分子靶点，而未来的小分子药物将能够同时作用于多个关键的靶点，从而更全面地干预疾病的发生和发展。这将为多种复杂的疾病提供更有效的治疗策略，并有助于建成更多通用性高效率诊疗平台。

高效的靶向传递。未来的小分子药物将具备更高效的靶向传递能力。结合蛋白质稳定理念、纳米合成技术和靶向递送系统的优势，可以将小分子药物可以更准确地传递到疾病部位，在减少副作用的同时提高蛋白质稳定效果。

多模式治疗。除了传统的单一药物治疗外，未来的蛋白质稳定小分子药物还可以与其他治疗手段相结合，如光热治疗、基因治疗和免疫治疗等。

14.5 结　语

本章简要回顾了靶向蛋白质稳定技术的诞生历程，从打响蛋白质保卫战第一枪到一战到底的小分子药物开发新方向，主要介绍了蛋白质稳定技术的重要疾病关联性、去泛素化酶靶向嵌合体（DUBTAC）技术的创新点及其基础研究拓展和技术产业前景，最后指出小分子药物开发的蛋白质靶向稳定视角。未来，这一战的优越性和丰富性，将为蛋白质稳定化研究领域和小分子药物研发行业带来更多新机遇。

孙树喆

参考文献

[1] 姚文兵. 生物化学[M]. 第9版. 北京：人民卫生出版社，2022.

[2] Hua L, Zhang Q, Zhu X, et al. Beyond Proteolysis-Targeting Chimeric Molecules: Designing Heterobifunctional Molecules Based on Functional Effectors[J]. *Journal of Medicine Chemistry*, 2022, 65(12): 8091-8112.

[3] Henning N J, Boike L, Spradlin J N, et al. Deubiquitinase-targeting chimeras for targeted protein stabilization[J]. *Nature Chemical Biology*, 2022, 18(4): 412-421.

[4] Harrigan J A, Jacq X, Martin N M, et al. Deubiquitylating enzymes and drug discovery: emerging opportunities[J]. *Nature Reviews Drug Discovery*, 2018, 17(1): 57-78.

[5] Liu J, Yu X, Chen H, et al. TF-DUBTACs Stabilize Tumor Suppressor Transcription Factors[J]. *Journal of the American Chemistry Society*, 2022, 144(12): 12934-12941.

[6] Li K, Crews C M. PROTACs: past, present and future[J]. *Chemistry Society Reviews*, 2022, 51: 5214-5236.

[7] Mullard, A. Proximity-inducing drugs get closer[J]. *Nature Reviews Drug Discovery*, 2023, 13(3): 03.

[8] Entact Bio. Expanding the universe of treatable diseases by harnessing the cell's natural mechanism for enhancing protein function[EB/OL]. [2024-09-17]. https://entactbio.com/science/.

第 15 章

下一代工业生物技术：以细菌为工厂，实现绿色生产

生物制造主要利用微生物或酶发酵制造食品、药品、小分子等，因其清洁、高效和可再生的特点，已然成为当下新质生产力发展的重要领域和新兴业态，然而由于其具有高能耗、高水耗、灭菌复杂等缺点，在与化学工业的竞争中仍旧处于劣势。因此，迫切需要开发"下一代工业生物技术"（next generation industrial biotechnology，NGIB），从而实现更高效的原材料转化与更绿色环保的生产过程。

15.1 生物制造是新质生产力的重要领域

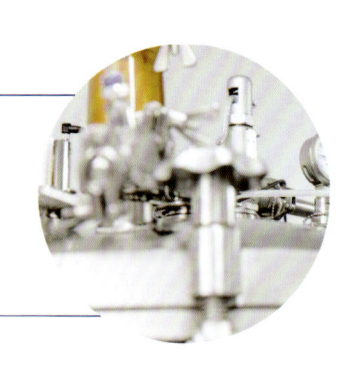

生物制造是一种创新的"造物"技术，因其清洁、高效和可再生的特点，已然成为当下新质生产力发展的重要领域和新兴业态，在《"十四五"生物经济发展规划》（以下简称《规划》）中，生物制造被确定为生物经济的战略性新兴产业发展方向。《规划》提出，要"依托生物制造技术，实现化工原料和过程的生物技术替代，发展高性能生物环保材料和生物制剂，推动化工、医药、材料、轻工等重要工业产品制造与生物技术深度融合，向绿色低碳、无毒低毒、可持续发展模式转型。"

传统化工制造通常依赖于高温高压的反应条件，具有规模庞大、技术成熟和成本低廉的优势，但同样面临能源过度消耗和环境污染等问题。相比于传统化工制造，生物制造通常在常温常压下进行，不仅减少了能源消耗，也降低了环境污染风险。生物制造按照其研究重点可以大致分为工业生物技术与合成生物学。工业生物技术主要利用微生物或酶发酵制造食品、药品、小分子等，是较为传统的生物技术；合成生物学则侧重于对微生物进行全面改造，使其制造出更多产品，实现更高效的原材料转化与更绿色环保的生产过程。传统工业生物技术虽然已在发酵工业等领域取得了显著的成果，但由于其具有高能耗、高水耗、灭菌复杂等缺点，在与化学工业的竞争中仍旧处于劣势。因此，开发"下一代工业生物技术"（next generation industrial biotechnology，NGIB）成为应对这些挑战的关键。

"下一代工业生物技术"在全球范围内由清华大学陈国强教授率先提出，并被其首次用于工业化生产。传统工业生物技术主要使用大肠杆菌、酵母等模式微生物作为底盘细胞。这些微生物一般生长在比较温和的环境，易受到其他微生物污染，因此生产体系需要严格的无菌操作，包括对反应器进行高温灭菌、空气无菌过滤等。这一生产过程会产生巨大能源消耗，且对操作人员有较高的要求。NGIB 的核心则在于利用可在极端环境正常快速生长的极端微生物（如嗜盐菌、嗜酸菌、嗜碱菌、嗜冷菌和嗜热菌等）作为底盘细胞，建立一种开放、无须灭菌的连续发酵生产体系。这些微生物能够在杂菌无法正常生长的极端环境下快速生长，从而避免了杂菌污染，进而简化了生产过程，并降低了能耗和水耗。

利用目前已被分离的极端环境微生物，例如能够在高盐和碱性环境中快速生长的嗜盐菌等极端微生物，NGIB 实现了多项突破。NGIB

解决的首个痛点就是能源消耗问题，发酵过程不再需要高温高压灭菌，这一流程的简化极大地降低了能耗；其次是水耗问题，NGIB 采用海水代替淡水，且实现了工艺用水可循环利用；再者是设备前期投入高的问题，NGIB 因其开放式环境反应条件，无须使用不锈钢发酵系统，塑料、陶瓷甚至水泥都可作为生物反应器材料，设备成本显著降低。此外，NGIB 同样解决了传统工业发酵产量较低的问题，改造后的极端环境微生物能以高浓度合成产物，形态学工程改造也简化了分离过程。这些优势使 NGIB 在绿色生物制造领域的竞争力大幅提升，有望扩展至更广阔的应用场景。

15.2 极端微生物带来的机遇

得益于前瞻视野和不懈努力，陈国强教授及其团队在工业生物制造领域取得了显著成就，特别是在基于工程化嗜盐单胞菌的研究方面。

如果想要寻找到符合生产环境需求的、宜用于生产的极端微生物，则要到与之相匹配的极端环境中耐心寻找。陈国强教授及其团队根据工业生产需求，在考察了多种不同的环境后，最终将目标锁定在了位于新疆的艾丁湖。位于新疆的艾丁湖是中国陆地最低点，也是仅次于死海的世界第二低洼地。艾丁湖环境严酷，白天日照最强烈时的温度可达 80℃，晚上可低至零下 20℃，盐浓度达 200 g/L。在夏日的酷晒下水分同样会大量蒸发，在如此极端的环境中，很难想象会有生命存活。陈国强教授团队从艾丁湖采集土壤分析后，从中分离出多种微生物，其中一种嗜盐单胞菌生长很快，初步具备了作为工业底盘细胞的潜能。

嗜盐单胞菌主要生活在深海、盐湖等高盐环境中，天然条件下可合成聚羟基脂肪酸酯（PHA）、果聚糖、四氢吡啶、胞外聚合物如胞外多糖（EPS）等多种化合物。这些微生物培养无须灭菌，即可在海水中生长数周至数月而不被污染，大大降低了生产成本和能源消耗。对培养基中培养物的定期菌落计数和 PCR 污染测试结果显示，培养 48 小时后杂菌细胞干重仍少于 3.5 g/L，仅为嗜盐单胞菌数量的十分之一[1]，这说明嗜盐单胞菌在竞争中占据优势，能够有效抑制其他杂菌的生长，展示了其在工业生产中的巨大潜力。

为了充分利用这些极端微生物，陈国强教授团队也进行了大量的基因改造工作。例如，起初从工艺角度难以实现嗜盐菌的高效离心沉降，为了实现工业规模的扩大化生产，团队通过合成生物学手段将其尺寸变大，细菌得以高效沉淀到反应器底部以实现便捷分离。另外，通过基因改造重构细菌的代谢途径，嗜盐单胞菌可以在高盐环境中快速生长并生产多种不同材料。团队成功地让微生物在发酵过程中生产

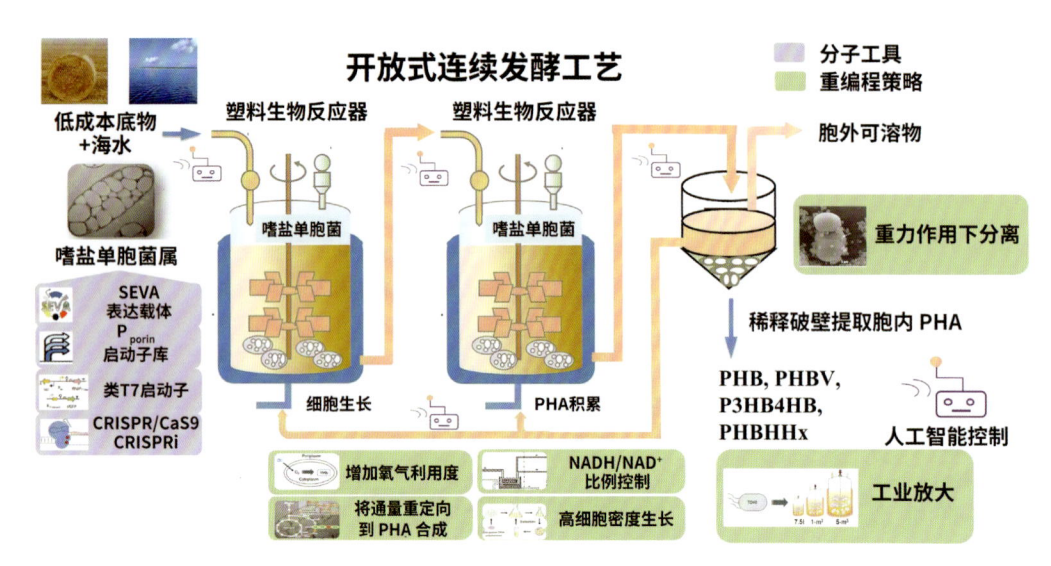

图 15-1　基于下一代工业生物技术的低成本 PHA 生产路径

引自：*Trends in Biotechnology*[2]

出生物塑料，这种材料不仅环保，而且具有可降解性。嗜盐菌便于进行基因改造以适应不同生产需求的特点使其为生产更广泛的产品提供了可能。图 15-1[2] 显示了基于下一代工业生物技术的低成本 PHA 生产路径。

15.3 下一代工业生物技术的应用前景

预计未来十年，35% 的石油化工、煤化工产品将通过生物制造生产，从而摆脱对石化资源的依赖，成为可再生产品。世界经合组织（OECD）对 6 个发达国家的案例分析表明，生物技术的应用可以降低工业过程能耗 15%~80%、原料消耗 35%~75%、空气污染 50%~90%、水污染 33%~80%，降低生产成本 9%~90%。基于快速生长的极端嗜盐单胞菌开发出的下一代工业生物技术将使生物生产工艺更具成本效益和操作友好性，同时保持了产物稳定的分子量和组成。目前，国内外已有数家 PHA 生产公司采用了嗜盐单胞菌属生产 PHA，预计全球 PHA 生产规模将不断扩大以满足不断增长的市场需求。

下一代工业生物技术仍然面临巨大的挑战。NGIB 产品的成分目前大多为固体脂肪，最高仅能耐受 175℃，并不能完全代替传统化工产品。但这一技术有望为多个领域提供更高效和环保的生产方式，同时指明生物经济战略性新兴产业的发展方向，推动化工、医药、材料、轻工等重要工业产品制造与生物技术深度融合。NGIB 技术的发展和应用正在引发医药、食品、能源、材料、农业等产业的新一轮变革。

在材料科学领域，嗜盐单胞菌可以用来生产生物塑料和其他高分子材料，这些材料不仅能够减少材料生产过程对石油基化工产品的依赖，还能显著降低碳排放。在组织工程领域，PHA 材料是生物发酵产物，具有优良的生物相容性，可作为可生物吸收的骨科手术材料，也可用于组织修复，可以被身体吸收而不产生免疫排斥反应。例如，对于软骨破损病例，3D 扫描破损结构后可以三维打印出适合的 PHA 材料，待软骨细胞体外完成生长后放入体内，等待植入组织与原有组织粘合长好后，PHA 骨架也可以被吸收，避免二次手术对患者造成伤害。

在能源领域，改造嗜盐单胞菌，可使其高效地转化生物质为生物燃料，这种生物燃料具有可再生性，能够替代传统的化石燃料，减少对不可再生资源的依赖；在医药领域，嗜盐单胞菌可被用于生产各种药品，如抗生素和维生素，其高效生产能力和低环境污染的特点为医药行业带来了新的希望。

对下一代工业生物技术的应用探索仍在不断进行中。随着合成生物学的发展和应用，基于工程化嗜盐单胞菌的下一代工业生物技术体系正在不断完善，其优势也愈加明显。陈国强教授与团队正致力于将这些前沿技术推向实际应用。期待在不久的将来，下一代工业生物技术产品能够大规模应用于工业生产，为人类社会带来更加绿色和高效的制造方式，在真正意义上实现人与自然的和谐相处。

李韶威、陈江楠、韩瑾仪、张宇辰、陈国强

参考文献

[1] 陈江楠，陈潇宁，刘心怡，等. 基于工程化盐单胞菌的下一代工业生物技术[J]. 合成生物学，2020，1(5): 516-527.

[2] Tan D, Wang Y, Tong Y, et al. Grand Challenges for Industrializing Polyhydroxyalkanoates (PHAs) [J]. *Trends in Biotechnology*, 2021, 39(9): 953-963.

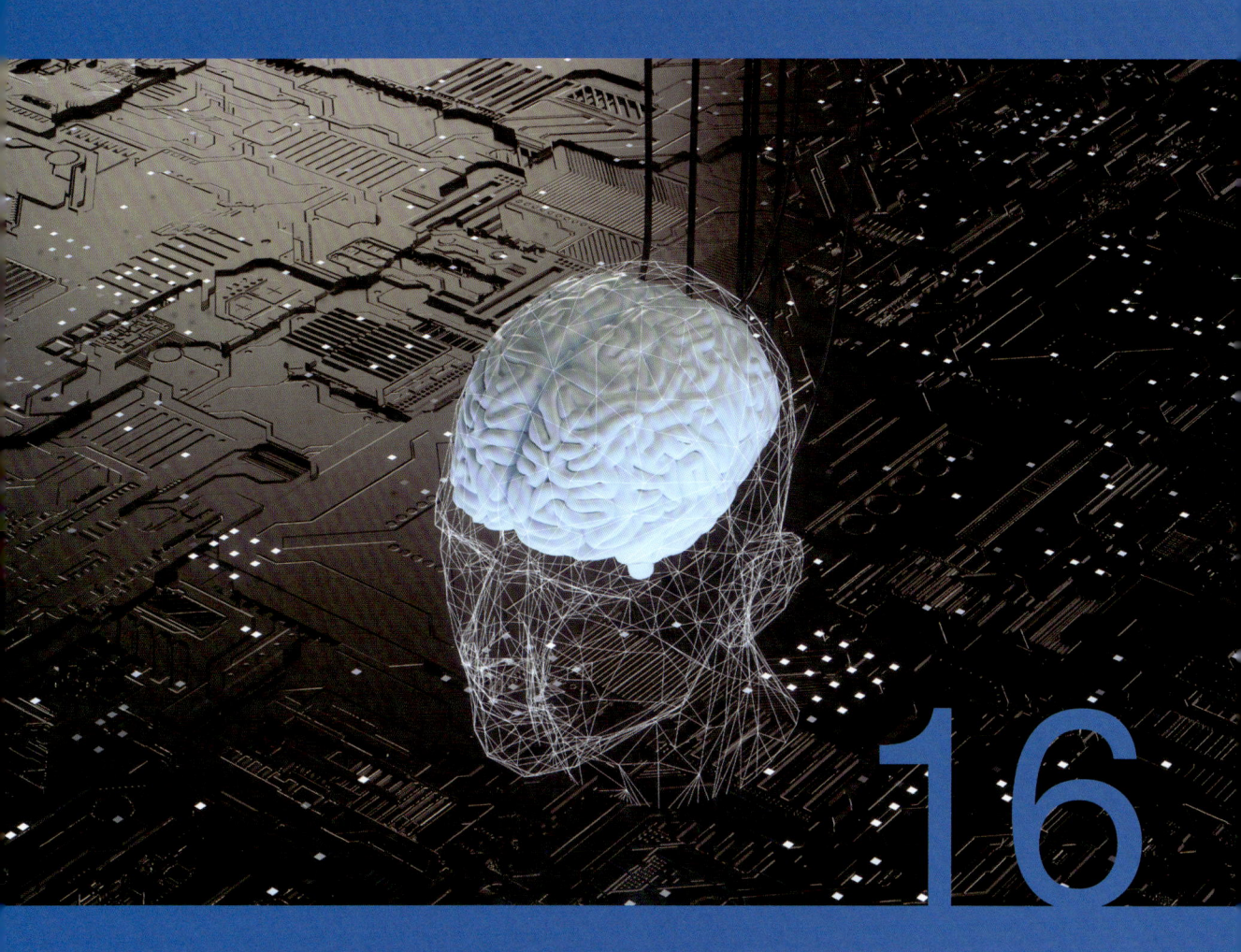

第 16 章

柔性脑机接口：
活体融合电子，脑机探索未来

21世纪，"活体融合电子，脑机探索未来"的崭新时代来临，柔性脑机接口技术在此背景下蓬勃发展。脑机接口技术从早期硬质电极发展到如今的柔性电极，后者凭借柔韧性、良好生物兼容性和长时间稳定性等优势，极大提升神经信号记录精度，增强了在临床应用和智能交互领域的潜力，成为脑科学研究与疾病治疗的关键工具。展望未来，借助先进材料和解码算法，脑机接口有望突破局限，实现更精准通信与协作，其跨学科融合不仅能为神经病理患者带来希望，还将推动人类对大脑与意识的探索。而清华大学医学院洪波教授团队研发的无线微创脑机接口 NEO 是这一领域的突出成果，截至 2024 年 11 月，已成功开展三例脊髓损伤患者的脑机接口临床试验，助力瘫痪患者恢复手部运动。

16.1 侵入式硬质电极的技术路线

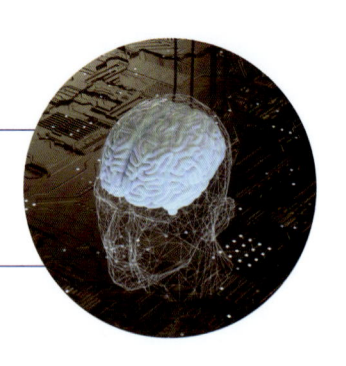

1957年，Hubel通过电化学抛光技术对钨丝进行刻蚀，成功制备出了尖端直径约为0.5 μm的钨微丝电极[1]。与传统的毛细玻璃管电极相比，这种新型电极在机械强度方面有了显著的提升，其优越的机械强度使它能够轻松穿透硬脑膜，这一特性为进行脑内电记录提供了极大的便利和可能性。这一创新在当时为神经科学研究提供了一个全新的工具，使在活体动物和人类中记录单个神经元的活动成为现实，从而推动了神经科学领域研究的进一步发展[2]。

1970年，随着精密半导体制造工艺的进步，密歇根型电极阵列（michigan electrodes）[3]应运而生，标志着多通道电极时代的开启。这种电极采用阵列排布方式，显著增加了电极在二维平面上的密度。无独有偶，1997年，另一种硅基多电极阵列——犹他电极阵（utah array）[4]问世。犹他电极阵通过刻蚀硅片形成微针状电极，具有较为固定的尺寸和通道数（通常为64通道或100通道），这种电极阵列在应用上相当成熟，现已获得批准用于临床实践。

1983年，McNaughton等人开发出金属微丝双电极[5]，该电极能在不同电极位点同时记录到同一神经元的信号。1993年，该研究团队进一步改进了这一技术，制备出了金属微丝四电极（tetrode），并成功用于记录和分析海马体神经元集群的活动[6]。这一研究展示了多通道电极在记录复杂神经信号方面的巨大潜力。至今，Tetrode电极仍然被广泛应用于神经科学研究。

2017年，James J. Jun等人采用双波段记录和多路复用技术，显著缩小了电极的尺寸和重量，并简化了接口连接。他们研制出了神经像素电极（neuropixel）[7]，这种电极配备了960个记录位点，能够同时记录384个通道的神经信号，为神经科学研究提供了更强大的工具。2021年，该研究团队将硅柄的数目从1根增加到4根，位点数提高至10240个，配合先进的信号处理算法Kilosort，推出了神经像素2.0版本[8]。这一改进版本显著提升了记录的精度和效率，使神经像素系列电极成为小动物在体电生理记录系统中的新标杆。

16.2 侵入式柔性电极的技术路线

柔性电子学（flexible electronics）是将电子元器件负载到柔性基底上组成集成电路的技术。近年来，柔性微电极的发展尤为显著，主要包括薄膜电极、柔性微丝电极和网状电子器件几大类。薄膜电极主要用于皮层电记录（μECoG），它能够贴合在大脑皮层表面，记录神经活动信号。柔性微丝电极则类似于沿电极柄方向排布位点的密歇根型电极阵列，其结构由金属导线和聚合物微丝组成，形成网格状结构。这种电极可以在较小的空间内实现高密度的记录。相比之下，网状电子器件具有更高的柔性，其设计允许电极在植入后与皮层组织更好地适应和融合。柔性电极的柔韧性从薄膜电极到网状电极逐渐增加，后两者可以通过特定的植入器件辅助，顺利植入到皮层内部的较浅区域，从而实现更精确的神经信号记录。

为了使柔性电极的结构和性质更加接近脑组织，实现神经电极与脑组织的高度融合，2015年，Lieber团队提出了一种称为网状电子器件（mesh electronics）[9]的柔性电极设计。该柔性电极具有类似渔网的网状拓扑结构，完全展开后二维覆盖面积可以达数十平方厘米，弯曲刚度几乎与脑组织一致。网状电极通过注射器注入的方式植入到脑组织中，因此又称为可注射柔性电极（syringe injectable electronics）[9]。该研究团队利用网状电极实现了对小鼠皮层长达8个月的稳定电记录[10]，这种植入方式使电极能够以较小的创伤进入脑组织并展开，从而实现稳定的记录。Lieber团队利用网状电极成功实现了对小鼠皮层长达8个月的稳定电生理记录，证明了这种电极与脑组织的良好融合性。该设计不仅提升了电极与脑组织的兼容性，还显著延长了记录的稳定性和持续时间，为神经科学研究提供了一个强大的工具。

2017年，Luan研究团队制备出一种基于SU-8的96通道柔性微丝电极NET probe[11]。在植入后的长达4个月期间，脑组织特征没有发生明显变化，神经元依然可以被持续追踪，展示了这种柔性微丝电极的优良生物相容性。与刚性电极不同，柔性电极由于缺乏足够的硬度，无法直接穿透硬脑膜。因此，在植入过程中，通常需要暂时增加器件的硬度。例如，可以将柔性细丝绑定在刚性微针上，植入后再将微针移除；或者在微丝上涂覆水溶性材料（如蔗糖或聚乙二醇）形成临时的刚性包覆，辅助植入后这些材料会溶解，从而恢复电极的柔性。通过这些方法，柔性电极能够成功植入脑组织，并维持其功能性。

2019年，Guan等人利用细丝在液体表面张力作用下的自组装特性，简化了电极的植入流程，推出了神经流苏电极（neurotassels）[12]。这种电极由焊盘、微丝网格和微丝束三部分组成。其中，微丝束包含16~1024根截面尺寸仅为3×1.5 μm的聚酰亚胺细丝。植入时，将电极浸入到聚乙二醇溶液中，在表面张力作用下，神经流苏自组装形成刚性复合细丝。植入到大脑之后，随聚乙二醇的溶解和吸收，微丝束逐渐展开，并紧密贴合到神经组织上。这种设计不仅简化了植入过程，还确保了电极与神经组织的良好融合，有助于实现长时间稳定的神经记录。

2019 年，Neuralink 公司推出了一套基于柔性微丝电极的高通道记录系统[13]，该系统配套手术机器人，利用刚性微针将 96 根聚酰亚胺微丝电极自动植入小鼠的皮层，总通道数达到了 3072 个，系统前置芯片的尺寸仅为 23×18.5×2 mm³。Neuralink 全面集成了柔性多通道电极、植入系统和记录系统，为大规模电生理记录提供了可行性方案。

王昕玥

参考文献

[1] Hubel D H. Tungsten Microelectrode for Recording from Single Units[J]. *Science*, 1957, 125(3247): 549-50.

[2] Wurtz R H. Recounting the impact of Hubel and Wiesel: Recounting the impact of Hubel and Wiesel[J]. *The Journal of Physiology*, 2009, 587(12): 2817-2823.

[3] Wise K D, Angell J B, Starr A. An Integrated-Circuit Approach to Extracellular Microelectrodes [J]. *IEEE Transactions on Biomedical Engineering*, 1970, BME-17(3): 238-247.

[4] Maynard E M, Nordhausen C T, Normann R A. The Utah Intracortical Electrode Array: A recording structure for potential brain-computer interfaces[J]. *Electroencephalography and Clinical Neurophysiology*, 1997, 102(3): 228-239.

[5] McNaughton B L, O'Keefe J, Barnes C A. The stereotrode: A new technique for simultaneous isolation of several single units in the central nervous system from multiple unit records[J]. *Journal of Neuroscience Methods*, 1983, 8(4): 391-397.

[6] Wilson M A, McNaughton B L. Dynamics of the Hippocampal Ensemble Code for Space[J]. *Science*, 1993, 261(5124): 1055-1058.

[7] Jun J J, Steinmetz N A, Siegle J H, et al. Fully integrated silicon probes for high-density recording of neural activity[J]. *Nature*, 2017, 551(7679): 232-236.

[8] Steinmetz N A, Aydin C, Lebedeva A, et al. Neuropixels 2.0: A miniaturized high-density probe for stable, long-term brain recordings[J]. *Science*, 2021, 372(6539): eabf4588.

[9] Liu J, Fu T-M, Cheng Z, et al. Syringe-injectable electronics[J]. *Nature Nanotechnology*, 2015, 10(7): 629-636.

[10] Fu T-M, Hong G, Zhou T, et al. Stable long-term chronic brain mapping at the single-neuron level[J]. *Nature Methods*, 2016, 13(10): 875-882.

[11] Luan L, Wei X, Zhao Z, et al. Ultraflexible nanoelectronic probes form reliable, glial scar-free neural integration[J]. *Science Advances*, 2017, 3(2): e1601966.

[12] Guan S, Wang J, Gu X, et al. Elastocapillary self-assembled neurotassels for stable neural activity recordings[J]. *Science Advances*, 2019, 5(3): eaav2842.

[13] Musk E, Neuralink. An Integrated Brain-Machine Interface Platform With Thousands of Channels[J]. *Journal of Medical Internet Research*, 2019, 21(10): e16194.

第 17 章

空间碎片的预防与清除技术：处理头顶上的垃圾场

随着人类在外太空频繁开展航天活动，在轨航天器和空间碎片的数量剧烈增加。数量庞大的空间碎片占据了稀缺的外太空轨道资源，严重威胁航天器的正常发射、运行以及航天员的生命安全。截至目前，全世界已经出现了多例空间碎片侵袭航天器导致其报废的事故。因此，如何有效预警、规避和清除这些空间碎片成为世界各国亟须解决的关键问题。国内外针对这一问题成立了一些专门研究机构。本章从多视角层面，针对不同类型的空间碎片提出了各自的解决途径。

17.1 空间碎片的"前世今生"

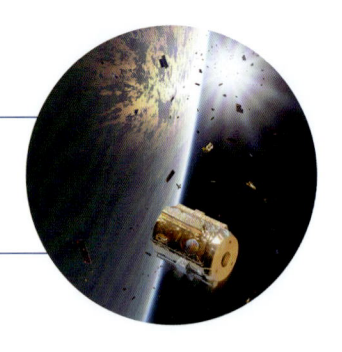

17.1.1 空间碎片是什么

空间碎片又称轨道碎片，它还有个大家耳熟能详的名字——太空垃圾。空间碎片是人类在空间活动的产物，包括完成发射任务的火箭箭体、卫星本体、火箭的喷射物与抛弃物、空间物体之间因碰撞等相互作用产生的碎块等[1]。空间碎片大小不一，包括从几毫米的微小碎片，到直径数米乃至数十米的较大的空间废弃物。这些碎片在外太空以极高的速度快速移动，具有巨大的动能，对航天器、卫星和国际空间站等太空设施构成了严重威胁。

17.1.2 空间碎片的现状

自苏联发射人类第一颗人造地球卫星以来，全球各国已经进行了超过 6 000 次的航天发射，目前太空中的卫星总数超过 9 000 个，其中正常在轨运行的卫星数不到一半。除了丧失正常功能的卫星之外，截至目前已经发生过逾 500 次的在轨航天器爆炸、解体、撞击事件，产生了数量巨大、尺寸不一的其他空间碎片[2]。

空间碎片的数量是动态变化的，虽然一些空间碎片会坠入大气层而消失，但同时一些新的空间碎片也会源源不断地产生。空间监视网络（space surveillance networks）定期跟踪并编目的空间碎片数量约 32 680 个，而据欧洲航天局的统计模型估计，地球轨道上约有 36 500 个大于 10 厘米的空间碎片、1 000 000 个 1 厘米至 10 厘米的空间碎片、1.3 亿个 1 毫米至 1 厘米的空间碎片（图 17-1）。由于存在许多难以监测和追踪的微小碎片，因此实际情况可能远远高于该理论估计模型的结果[2]。其中，在中低轨道的空间碎片的危害更大。随着"星链"等低轨巨型星座计划的稳步推进，将来航天器数量将激增，地球轨道将更加拥挤，航天器和空间碎片发生碰撞的可能性也将大大增加。

图 17-1 被空间碎片包裹的地球

17.1.3 空间碎片的危害

空间碎片具有极高的速度（可以达到 7~8 km/s）和动能，因此，一块极小的空间碎片也可能会撞击航天器而导致航天器报废，这将严重影响工作中的人造卫星、载人飞船和空间站，甚至会危及航天员的生命[2]。图17-2是被空间碎片撞击至伤痕累累的"和平号"。

此外，空间碎片会占据轨道空间而导致轨道拥塞，人们在发射新的航天器时会被迫避开空间碎片分布较多的轨道，这其中包括许多具有较高价值的轨道，如地球同步轨道和近地轨道等。这不仅造成了严重的轨道资源浪费，而且还大大提高了航天发射的成本和复杂性。更为麻烦的是，空间碎片之间不会因为相互碰撞而湮灭，而是会产生连锁反应，产生更多更难监测的细小碎片。这是一个恶性循环，即新的碎片不断产生，可能会导致附近的空间轨道区域完全不可用[2]。当空间碎片的分布和数量密度达到一定程度时，可能就会引发"凯斯勒效应"，这对人类开发和利用太空资源无疑是致命的打击。

图 17-2 被空间碎片撞击至伤痕累累的"和平号"

17.2 空间碎片的解决方法

鉴于空间碎片问题已经导致的和潜在的严重危害，世界各个航天大国已经在"保持空间环境清洁"方面达成了共识。许多国家的研究人员提供了很多解决这些太空垃圾的方法和手段。需要注意的是，由于空间碎片的复杂性，并不存在一种或少数几种适用于所有场景下的所有类型太空垃圾的解决办法[3]。

17.2.1 监测、预警和规避

一个现实可行的办法是加强对空间碎片的监测和追踪，并对可能与空间碎片产生碰撞风险的航天器进行及时的预警，从而引导航天器通过调整轨道、改变飞行姿态等方式规避风险。

目前对空间碎片的监测技术可分为天基监测和地基监测[2]。天基监测技术主要是利用架设于外太空的望远镜和摄像机等设备来捕捉空间碎片的图像，并将这些碎片的信息和运行轨道储存在相应的监测网络中，主要包含光学监测、雷达监测、光谱监测和红外监测。地基监测技术主要借助地上的望远镜阵列来捕捉空间碎片的信息，例如，俄罗斯利用光子技术建立了一套新的监测技术，这项技术可以借助地上光学望远镜对空间碎片进行观测，利用3条顺序连接的信息通道并采用视角扩大技术建造光电监测系统[4]。

在监测到空间碎片可能与航天器发生碰撞之后，系统会及时向地面控制中心发送预警信息，从而避免可能发生的危险事故。例如，2019年2月25日，伽利略系统服务运营商基于欧盟太空跟踪与监视（european union space surveillance and tracking，EUSST）的观测数据，预测在2021年3月7日前后，Galileo GSA0219与Ariane火箭体碎片（NORAD ID20170）的碰撞概率较大。随后，伽利略系统服务运营商的技术人员设计了轨道机动实施方案，成功将碰撞风险降低到安全阈值以下，这是伽利略卫星首次为躲避空间碎片而采取轨道机动[5]。

当前对该技术有许多发展和改进手段，如航天器对空间碎片的主动规避技术，这一技术需要航天器对周围空间碎片进行感知与识别，并更新空间碎片数据库，评估可能的碰撞风险，并根据风险制定自主规避策略[6]。

17.2.2 减少空间碎片的产生

通过航天器发射前期的设计和规划，减少航天器产生和成为空间碎片的可能性。在航天器的设计中，应提高航天器自身质量水平，降低发生破碎和爆炸的可能性，并在执行发射任务期间，尽可能减少遗留在中低轨道附近的废弃物数量[2]。另外一种思路是让航天器在达到寿命或失效时主动抬升轨道。以北斗为例，北斗导航卫星会在服役圆满后自动上升到"墓地轨道"，从而避免自身成为中低轨道上的空间碎片。

17.2.3 加强对航天器的防护

可以给部分航天器增加一套保护装置，如在表面加装金属板、高强度复合材料等，以提高航天器抵抗空间碎片撞击的能力。

17.2.4 清除

除以上方法之外，人们在面对数量庞大的空间碎片时往往必须考虑主动清除的方法。截至目前，已经有许多清除空间碎片的方法被提出。

17.2.4.1 激光技术

利用激光技术清除空间碎片大致有两种思路，一种是利用激光的高能特性，通过强大的连续波激光照射碎片，使碎片温度升高乃至碎片升华；另一种是利用高能脉冲激光束照射碎片表面，为碎片提供一定的速度增量来降低近地点高度，从而增大碎片运行的大气阻力，缩短其轨道寿命并最终坠入大气层消亡[2, 7]。

17.2.4.2 机械臂抓取

机械臂抓取技术是刚性捕获方案的代表，这往往用于卫星捕获，通过利用卫星自带的发动机喷管和对接环，使机械臂可以在搭载适合某一特定类型卫星的手爪的前提下，顺利完成对卫星的捕获。这种方法较为灵活多变，具有较高的可操作性，但是对姿态和轨道控制精度，以及航天器的性能和强度要求较高[8]。

17.2.4.3 吸附技术

主动利用碰撞来黏附空间碎片，从而达到清除的效果，适用于清除较小的碎片。

17.2.4.4 飞网捕捉技术

飞网捕捉技术是一种柔性捕获手段，自提出至今已经完成了数次实验验证，具有捕获面积大、作用距离远、控制精度要求低、可以捕捉旋转目标等特点，十分适合自旋转废弃卫星和其他大型空间碎片的清除[8]。但是该技术也有一些技术难点，例如，对材料性能、折叠储存技术及收口技术要求高，对整个飞网捕捉系统的离轨控制的技术难度大。

17.3 当前面临的问题

17.3.1 责任分配问题

现行的法律法规对空间碎片相关问题的责任划分并不完善，关于国家责任及赔偿责任的规定十分模糊，难以具体落实[1]。在空间碎片的预防方面，应当同时强调外在约束和内在约束。外在约束是指应当规定所有承担航天发射任务的行为主体均应承担预防空间碎片的义务并且对其行为进行约束，对违反相关行为规则的主体进行惩罚等。内在约束则强调航天器的所有者和运营者的自我管理与自我约束，要求在发射前进行碎片预报、在设计层面进行碎片碰撞的预警与防护避碰设计等[9]。

在处理空间碎片时，每个开展空间活动的国家或其他主体都应该落实相关责任，在归责原则上，应该以"严格责任论"取代"过失责任论"。在碎片治理中，对于从事危险性活动并造成损害的，不论其主观是否有过错，均应严格核查有关主体的责任[9]。在责任的分配上，应当以空间碎片的产生责任来划分其治理责任，即按照相关主体产生空间碎片的数量来确定其责任占比[9]。

17.3.2 主动清除技术的争议性问题

针对空间碎片的主动清除手段不仅在技术上具有挑战性，在政治上也有很大的争议。不可否认的是，目前几乎所有能够清除空间碎片的手段，都可以作为反卫星太空武器，因此国际上对待这类方法都慎之又慎[3]。主动清除技术的发展需要世界各国之间以外交的手段进行协商和谈判，这对不同国家之间的相互信任来说是一场巨大的考验。许多人开始担忧，或许未来某一天这类技术会成为威胁人类和平与生存的太空战争的推进剂。

17.4 结　语

人类不仅要关注地球上的环保问题，而且对飘在我们头顶上的这些太空垃圾也要十分重视。解决空间碎片的问题需要世界各国的共同参与和勠力合作，这不仅关乎人类生活的当下，更影响人类发展的未来。

陈振兴

参考文献

[1] 陈岷，李儒琳. 空间碎片清除的现实困境及其破解 [J]. 长春理工大学学报（社会科学版），2023, 36(5): 40-43.

[2] 黎璐玫，刘伟骏，俞越. 空间碎片现状与挑战 [J]. 中国无线电，2023，(8): 33-36.

[3] 人类如何有效清理太空垃圾 [J]. 中国科学探险，2022，(03): 20-22.

[4] 俄拟用光子技术建太空垃圾监测系统 [J]. 电子产品可靠性与环境试验，2022，40(01): 95.

[5] 雷祥旭，夏胜夫，刘宏康，等. 伽利略卫星首次轨道机动规避空间碎片事件分析 [J]. 第十四届中国卫星导航年会，中国山东济南，2024: 7.

[6] 邢林峰，李克行，薛超. 空间碎片自主规避方法 [J]. 空间碎片研究，2023，23(1): 19-23.

[7] 谢昭. NASA 资助最新研究：美国未来有望用"AI+ 激光"对付太空垃圾 [N/OL]. 环球时报. [2023-10-20]. https://m.huanqiu.com/article/4F0m4TutyZI.

[8] 王柄权，张长龙，索劭轩，等. 可重用空间碎片抓捕机器人 [J]. 空间碎片研究，2023，23(2): 34-44.

[9] 蔡高强，张雨尧. 以国际环境法基本原则推进空间碎片治理 [J]. 国际太空，2023，(6): 34-40.

第 18 章

混合现实技术：
触摸现实世界的虚拟质感

混合现实作为实现虚实世界融合的前瞻性科技，在工业生产中发挥着重要的作用。本章从混合现实的历史背景出发，介绍了混合现实的概念、混合现实与增强现实和虚拟现实的区别、便携式混合现实设备的基本构成、混合现实的主要技术，并展望了混合现实在日常生活中的应用。

18.1 前言

虚拟现实（virtual reality，VR）、增强现实（augmented reality，AR）和混合现实（mixed reality，MR）技术正以某种前所未有的速度改变人们的生活，从工业生产到日常娱乐，都能感受到这些技术带来的影响。本章聚焦混合现实（MR）——一种融合了虚拟和现实世界的技术，探讨它的发展历程以及未来的潜力。

混合现实（MR）、虚拟现实（VR）和增强现实（AR）的区别在于，虚拟现实（VR）是通过头戴式显示器或其他设备创造出完全虚拟的环境，使用户仿佛置身其中，与真实世界完全隔离。增强现实（AR）则是将虚拟元素叠加到真实世界中，通过手机、平板电脑或其他设备来呈现，为用户提供丰富的信息和互动体验。而混合现实（MR）则结合了这两种技术，将虚拟元素与真实世界进行交互，创造出一种全新的体验，使用户可以在真实环境中与虚拟对象进行互动。

混合现实（MR）技术的历史可以追溯到20世纪90年代。当时，研究人员开始探索如何将虚拟元素与真实世界相结合，以创造出更加沉浸式的体验。最早的混合现实设备是由美国航空航天局开发的，用于飞行员的训练和模拟任务。这些设备可以将虚拟元素叠加到真实世界中，使飞行员能够在模拟飞行中获取更真实的体验。随着技术的不断进步，混合现实技术开始逐渐走出实验室，进入工业生产、医疗保健等领域。在工业生产领域，混合现实技术被广泛应用于维修和装配任务，工人可以通过头戴式显示器获得实时的指导和信息，提高了工作效率和准确性。在医疗保健领域，医生可以利用混合现实技术进行手术模拟和导航，提高手术的精准度和安全性（图18-1）。

随着混合现实技术的不断发展，它的应用

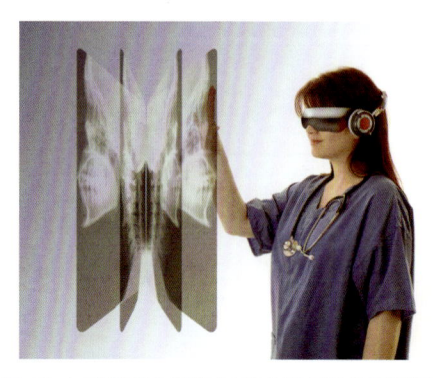

图 18-1 利用混合现实（MR）设备进行医疗保健研究

场景和影响力也在不断扩大。从最初的实验室研究到如今的工业生产，混合现实技术已经成为一个备受关注的领域。在未来，随着技术的进一步成熟和应用场景的不断拓展，混合现实技术将有望在更多领域发挥更大的作用，为人们的生活带来更多便利和乐趣。

18.2 便携式混合现实系统的基本构成

便携式混合现实系统主要包括传感器，计算系统和显示器，传感器负责接收周围环境信息，并将信息传输至计算系统进行处理，显示器将画面提供给用户，它也是用户交互的页面。混合现实系统的传感器有摄像头、深度传感器、激光雷达和惯性测量单元（inertial measurement unit，IMU）等，计算系统的计算单元可包含中央处理器（central processing unit，CPU）、图形处理器（graphic processing unit，GPU）和神经网络处理器（neural network processing unit，NPU）等，显示器可分为基于光学原理的穿透式头盔显示系统（如 Microsoft Hololens 和 Google Glass）和视频透视式显示系统（如 Meta Quest 3 和 Apple Vision Pro）（图 18-2）。

图 18-2　视频透视式显示系统

18.3 混合现实的技术介绍

混合现实系统的关键技术为环境感知、三维内容生成与交互以及虚实融合显示，而这些内容包含在计算机图形学和计算机视觉的研究范围内。混合现实系统的环境感知包括实时定位、物体检测和跟踪、人体和手部姿态估计以及光照估计等方面。而三维内容生成与交互技术主要负责提供与用户交互的界面和内容信息。虚实融合显示技术主要是依据光照估计和场景重建的结果将虚拟内容与现实场景进行虚实融合渲染，并通过显示设备将最终画面显示给用户。下面对这些关键技术进行简要介绍。

实时定位技术。实时定位技术是一种用于

实时跟踪和定位物体、人员或设备位置的技术。它利用各种传感器、通信设备和定位算法，能够实时、精确地确定目标的位置信息。目前，同步定位与建图（simultaneous localization and mapping，SLAM）技术被大量使用在需要实时定位的场合[1]。

物体检测和跟踪技术。物体检测是指在图像或视频中自动检测物体的位置和大小。物体跟踪是指在视频序列中跟踪物体的位置和运动。由于大模型在计算机视觉和自然语言处理等领域发展迅速，基于分割一切模型（segment anything model，SAM）[2]的物体检测和跟踪技术正处于快速发展阶段。

人体和手部姿态估计技术。人体姿态估计是指从图像或视频中检测人体的关键点位置，通常包括头部、肩部、手肘、手腕、膝盖、脚踝等关键点。手部姿态估计是指从图像或视频中检测手部的关键点位置，通常包括手指关节、手掌中心等关键点。常用的人体和手部姿态估计算法包括基于深度学习的方法（如MotionBERT[3]、MegaTrack[4]等）和基于传统计算机视觉技术的方法。

光照估计技术。光照估计技术是指利用计算机视觉和图形学技术，从图像或视频中推断出场景中的光照、阴影和材质等信息。在混合现实中，光照估计常常是为下一步作关于虚拟物体和现实场景的虚实融合渲染提供充足的环境信息。

三维内容生成与交互技术。三维内容生成与交互技术包括一系列的技术和方法，用于在现实世界中生成和交互三维虚拟内容。目前，扩散模型[5]在内容生成领域展现出极高的生成质量和泛化能力，已成为内容生成的新范式。

虚实融合渲染技术。虚实融合渲染技术是一种将虚拟内容与真实世界进行融合的渲染技术。该技术旨在将虚拟对象逼真地渲染到真实世界中，使虚拟对象与真实环境无缝融合，同时考虑光照、阴影、遮挡等因素，以提供更加逼真的视觉体验。早在1998年，保罗（Paul）等人就已经开发出一种利用高动态范围（high dynamic range，HDR）全景图合成虚实[6]融合图像的技术，被广泛用于需要虚实融合渲染的场合中。

18.4 混合现实的应用展望

随着新一代混合现实设备（如Meta Quest 3和Apple Vision Pro）走向市场，混合现实有望走进千家万户。届时，混合现实技术可能在诸多方面有广泛的应用前景，可能涵盖以下场景。

教育和培训。混合现实设备可以为学生提供更加生动、沉浸式的学习体验，如通过虚拟实验室进行科学实验、通过虚拟场景学习历史和地理知识等。在职业培训中，混合现实设备可以模拟真实工作场景，提供实时指导和反馈，从而提高培训效果。

娱乐和游戏。混合现实设备可以为用户提供全新的娱乐和游戏体验，将虚拟世界与真实世界相融合，创造出更加引人入胜的游戏环境和娱乐内容。

社交交互。混合现实设备可以改变人们之间的社交方式，例如通过虚拟现实环境中的虚拟会议室进行远程会议、虚拟现实社交平台进行虚拟社交互动等，为人们提供更加丰富和多样的社交体验。

虚拟试衣和购物体验。通过混合现实设备，用户可以在虚拟现实环境中进行试衣和购物体验，如通过虚拟现实镜子试穿衣服、在虚拟商店中浏览商品等，为用户提供更加便捷和生动的购物体验。

张正贤

参考文献

[1] Artal R M, Montiel J M M, Juan D T. ORB-SLAM: A Versatile and Accurate Monocular SLAM System[J]. *IEEE Transactions on Robotics*, 2015, 31(5): 1147-1163.

[2] Kirillov A, Mintun E, Ravi N, et al. Segment Anything[C]//Proceedings of the IEEE/CVF Conference on Computer Vision and Pattern Recognition, CVPR. IEEE/CVF, 2023: 4015-4026.

[3] Zhu W T, Ma X X, Liu Z Y, et al. MotionBERT: A Unified Perspective on Learning Human Motion Representations[C]//Proceedings of the International Conference on Computer Vision, ICCV. CVF, 2023: 15085-15099.

[4] Han S C, Liu B B, Cabezas R, et al. MEgATrack: Monochrome Egocentric Articulated Hand-Tracking for Virtual Reality[J]. *IEEE Transactions on Graphics*, 2020, 39(4): 87.

[5] Zhu W T, Ma X X, Liu Z Y, et al. Denoising Diffusion Probabilistic Models[C]//Proceedings of the Conference and Workshop on Neural Information Processing Systems, NeurIPS, NIPS. 2020: 1-25.

[6] Debevec P. Rendering Synthetic Objects into Real Scenes: Bridging Traditional and Image-based Graphics with Global Illumination and High Dynamic Range Photography[C]//Proceedings of the SIGGRAPH'98, SIGGRAPH, ACM, 1998: 1-10.

第 19 章

隐私计算技术：
互联网司法科技的应用场景与行业发展

隐私计算作为实现"数据可用不可见"的新兴科技，在数据流通利用和个人信息保护两者的平衡中发挥着重要的作用。本章从隐私计算的应用背景出发，介绍了隐私计算在国内域外的概念、隐私计算理论研究的发展历史、隐私计算的主流技术及隐私计算在金融、医疗与政务行业的应用，最后指出当前主流技术存在的技术风险，并提出应当从技术完善和法律规制两个方向来应对这些风险。

19.1 隐私计算的应用背景

随着云计算、人工智能、区块链等数字技术突破初期特定应用领域并向外部领域扩展应用，全球加速迈进数字经济时代。数据作为一种全新的生产要素，被誉为"信息时代的石油"，其重要性不言而喻。2019年，党的十九届四中全会首次将"数据"增列为生产要素之一。2020年，《中共中央 国务院关于构建更加完善的要素市场化配置体制机制的意见》明确提出加快培育数据要素市场。《中共中央关于制定国民经济和社会发展第十四个五年规划和二〇三五年远景目标的建议》强调要加快数字化发展，推动数据资源开发利用。

与此同时，基于数字经济具有规模经济和范围经济的特点，平台在逐利过程中过度收集个人信息、泄露用户个人隐私等状况层出不穷，个人信息和隐私保护的问题日益严峻。对此，《中华人民共和国民法典》第四编第六章对"隐私权和个人信息保护"作出了规定。2021年陆续出台了《中华人民共和国数据安全法》《中华人民共和国个人信息保护法》，表明了国家坚持发展数据市场和保护个人信息"两手抓"的决心。的确，当个人信息保护力度加大时，这会在一定程度上限制数字经济的发展。但促进数据流通以实现数据价值和个人信息保护之间绝非一场零和博弈，把握好两者之间的关系是关键。一方面，数据价值的实现应当以保护个人信息为前提，对个人信息的保护可以从侧面规制数据有序流通共享，促进数据价值的可持续释放，推动数字经济可持续发展；另一方面，数据价值的实现过程中暴露出来的新问题可以反过来促进个人信息保护制度的进一步完善。而隐私计算技术的创新应用就在两者之间提供了一个平衡点，使数据价值实现和个人信息保护齐头并进不再是空想。

19.2 隐私计算的概念

在我国，中国科学院信息工程研究所专家李凤华等人在2016年正式将隐私计算定义为"面向隐私信息全生命周期保护的计算理论和方法"[1]。随着数字经济的发展，现实对隐私计算提出了更高的要求，隐私计算的内涵与外延与时俱进。现阶段，隐私计算是指"能够在不泄露原始数据前提下，对数据进行采集、加工、分析、处理、验证的带有隐私机密保护的计算系统与技术，强调能够在保证数据所有者权益、保护用户隐私和商业秘密的同时，充分挖掘发挥数据价值"。[2] 隐私计算的主流技术从2016年的数据扰乱、匿名模型、信息隐藏、密码学等方法演变为当前的密码学、可信硬件、分布式机器学习、差分隐私等。其中，由于密码的保密性、保真性和保完整性可以从根本上保护数据的安全性和机密性，密码学方法在隐私计算中具有更稳定持久的地位。

在国外，与隐私计算对应的概念是隐私增强技术（privacy enhancing technologies，PETs）。隐私增强技术一词最早在1995年由荷兰数据保护局和加拿大安大略信息委员会联合发表的《隐私增强技术：匿名之路》报告中出现。2003年，《隐私和隐私增强技术手册》一书概括式地定义了隐私增强技术："一套信息和通信技术措施系统，其在保障信息系统功能的前提下，通过消除或最小化个人数据来防止对个人数据进行不必要和不希望的处理。"[3] 此后，美国在法案中采取了概括加列举的方式定义隐私增强技术。2021年，美国《促进数字隐私技术法案》（*Promoting Digital Privacy Technologies Act S224*）将隐私增强技术定义为"用以增强数据的隐私和机密性的任何软件解决方案、技术流程或其他技术手段"，包括"匿名化和假名化技术、过滤工具、反跟踪技术、差异隐私工具、合成数据和多方安全计算"。2022年，美国众议院正式通过的《促进数字隐私技术法案》（*Promoting Digital Privacy Technologies Act HR847*），将隐私增强技术定义为"通过提高可预测性、可管理性、可分离性和保密性来减轻数据处理所产生的个人隐私风险的任何软件或硬件的解决方案、技术流程或其他技术手段"，包括"促进数据计算或分析，同时减轻隐私风险的加密技术；公开分享数据但不对特定个人作出推断的技术；让个人控制其数据的传播、共享和使用的技术；产生合成数据的技术"。可以发现，该法案强调硬件也包含在隐私增强技术中。

19.3 隐私计算的技术介绍

从技术原理上看，目前主流的隐私计算技术分为密码学、可信硬件、分布式机器学习和差分隐私四种实现路径。

基于密码学原理的隐私计算技术主要指多方安全计算。多方安全计算指在无可信第三方的情况下，通过多方共同参与，在没有任一参与方可以获取源数据信息的同时，安全地完成协同计算。多方安全计算包含多个密码学协议或框架，目前主要用到的有秘密分享、不经意传输、混淆电路、同态加密、零知识证明等关键技术。

（1）秘密分享。指将数据拆分成多个无意义随机数分片，每个分片交由不同的参与方管理，只有超过一定数量的参与方共同协作才能还原数据。

（2）不经意传输。指数据发送方同时发送多个消息，而接收方仅获取其中之一。发送方无法判断接收方获取了哪个消息，接收方也对其他消息的内容一无所知。

（3）混淆电路。指将多方安全计算函数编译成布尔电路，并对电路中每个门的所有可能输入生成对应密钥，使用该密钥加密整个真值表，并打乱加密真值表顺序完成数据混淆，确保计算过程中不会对外泄露各方的私有数据。

（4）同态加密。指数据经过同态加密后，对密文进行特定的运算，将得到的密文计算结果解密所得的结果等同于对原始数据直接进行相同运算的结果。

（5）零知识证明。指证明者向验证者证明某一消息，但不向验证者泄露该消息的任何信息。

基于可信硬件实现的隐私计算技术指可信执行环境。可信执行环境是利用软硬件方法在中央处理器中构建一个隔离的安全区域，为敏感或隐私数据的计算提供保障。此时，系统的软硬件资源被划分为两个执行环境——可信执行环境和普通执行环境，两个环境存在独立的内部数据通路和计算所需存储空间。在无授权的情况下，普通执行环境的软件，甚至是操作系统内核这种特权软件都无法访问可信执行环境；即使在可信执行环境内部，多个软件之间无授权亦不能互访。

基于分布式机器学习实现的隐私计算技术指联邦学习。联邦学习是一种由多个数据持有方（如手机、物联网设备，或金融、医疗机构等）协同训练模型而不分享数据，仅在中间阶段交换训练参数的学习机制。常见的联邦学习架构有客户-服务器架构和端对端架构两种[4]。根据数据分布的不同，联邦学习分为三类：横向联邦学习、纵向联邦学习和联邦迁移学习。

差分隐私技术是哥德尔奖得主德沃克（Dwork）在2006年针对数据库隐私泄露问题而提出的[5]，其通过向数据中添加一定的噪声，使某一条具体的数据对全数据集的统计指标影响可以忽略。差分隐私对"个人隐私"的概念给出了一个严格的数学定义，从理论上保证了攻击者无法根据对数据集的任意统计分析，判断某一个具体的人的信息是否被记录在数据库内。但目前差分隐私技术噪声的添加往往会对数据集的下游分析带来一定的影响。

19.4 隐私计算的应用场景

目前，隐私计算技术已广泛应用于各行业。其中，金融、医疗和政务行业的数据总量庞大且分散、数据整合需求迫切且数据私密程度高，天然地存在多种亟待部署落地的隐私计算应用场景。

在金融行业，借助隐私计算，银行等金融机构将可以实现包括投资人资格认证、风险防控、金融监管等场景在内的应用。在成都公示的首批"监管沙盒"试点应用中，由新网银行牵头的基于多方安全计算的中小微企业融资服务项目将有效提高金融机构的授信水平和风控能力，解决小微企业授信难、融资贵等痛点[6]。

在医疗行业，借助隐私计算，医疗数据可以进行安全可信联合分析。例如，国家基因库和华大区块链基于多方安全计算技术推出新型冠状病毒基因组分析平台，支持用户在不公布己方数据的前提下，联合其他科研人员协同分析并共享结果，为实时追踪病毒演化、监测新型突变，以及疫情风险评估、医疗对策制定提供有效的数据支撑[7]。

在政务行业，目前，在政策法规的推动下，隐私计算已被多地政府纳入数字化发展规划，主要的应用场景有公共数据共享开放、政务数字化、疫情防控、电信反诈骗、智慧人口流动分析等[8]。以我国首个政务数据隐私计算平台——山东省一体化公共数据开放平台为例，该平台借助隐私计算技术，保证数据在开放融合过程中安全不泄密，消除了各方特别是政府的安全顾虑，有效促进了政府和公共机构数据资源的开放和共享[9]。

19.5 隐私计算当前存在的风险

从目前实践来看，隐私计算技术应用中存在以下风险：就多方安全计算而言，主要存在数据合谋攻击风险，即在多方安全计算中，于特定协议下，如果有若干参与方破坏计算规则参与合谋，可能会导致其他参与方的数据泄露。

就可信执行环境而言，主要存在侧信道攻击风险。虽然可信执行环境本身是隔离的，但是它仍然和非可信的环境比如操作系统和应用程序共享一些系统资源，理论上存在利用这些共享资源进行侧信道攻击进而反推出可信执行环境里的数据和信息的可能性。另外，由于信任链绑定硬件厂商，可信执行环境对提供该硬件的厂商有较高的可信度要求。

就联邦学习而言，主要存在数据重构攻击、推理攻击与植入病毒风险。第一，数据重构攻击指攻击者通过训练生成对抗网络（generative adversarial nets，GAN）模型可以重构攻击目标所持有数据，或者基于重构数据向模型注入伪造数据，进而诱导攻击目标释放更多敏感信息[10]。第二，推理攻击指联邦学习的安全性基于相信无法通过中间参数推断出原始数据，但此结论缺乏密码学保证。有学者认为根据周期性交换的模型参数可以反推出原始训练样本的隐私信息[11]。第三，企业通常从开源平台获取或向第三方购买基础模型，这样的基础模型本身可能存在植入病毒。

投毒攻击是隐私计算技术共同面临的风险，这是因为，隐私计算默认所有参与方是可信方，而数据的真实性往往不易验证。攻击者可以伪装成参与方修改训练数据甚至提供恶意数据，以达到破坏计算结果的目的。

19.6 隐私计算的风险规制

隐私计算技术的风险规制应从技术层面和法律规制两个层面进行。

在技术层面，首先，需要构建溯源机制。基于数据合谋、数据投毒等风险的存在，隐私计算的参与主体仍然有对计算结果进行溯源并以此追究各方责任的需求。其次，联邦学习需要和其他隐私保护技术结合来保证安全性。但是通过这种方式来提升联邦学习的隐私保护能力以牺牲效率和准确性为代价，因此，引入的隐私保护技术应当达到何种强度还需要进一步的研究[10]。最后，亟须填补对抗可执行环境的侧信道威胁的技术空白。利用可信执行环境进行隐私保护的计算平台面临各种软件安全威胁。由于硬件设计无法根除侧信道威胁且硬件结构的改变较难实现，如何在软件层面防御针对可信执行环境的侧信道攻击成为隐私计算平台面临的严峻挑战。

在法律规制层面，一方面，要尽快建立各类数据产权制度，从根本上解决数据权属不清导致的数据滥用和隐私泄露问题。通过明确数据产权制度，明晰数据处理过程中各方权利义务的边界，从而规范数据处理者的行为和活动准则，以及保障相关数据权利主体的合法权益。另一方面，建立安全风险评估机制。数据价值的实现过程中通常需要信任提供软硬件的技术方，如可信执行环境的硬件厂商。通过建立安全风险评估机制，由权威第三方机构对提供技术产品和服务的厂家、服务商进行安全资质信用评级，可以在引导各方"朝上竞争"的同时为企业选择合作方提供参考。

黎思敏

参考文献

[1] 李凤华，李晖，贾焰，等. 隐私计算研究范畴及发展趋势 [J]. 通信学报，2016，37(4): 4.

[2] 国家工业信息安全发展研究中心. 中国隐私计算产业发展报告 (2020—2021)[R/OL]. [2022-09-21]. https://file.01caijing.com/attachment/202112/8867DBC65C9A40A.pdf.

[3] Van Blarkom G W, Borking J J, Olk J G E. Handbook of privacy and privacy-enhancing technologies: The case of Intelligent Software Agents[J]. Privacy Incorporated Software Agent (PISA) Consortium, The Hague, 2003, 198: 14.

[4] 刘艺璇，陈红，刘宇涵，等. 联邦学习中的隐私保护技术 [J]. 软件学报，2022，33(3): 1057-1092.

[5] Dwork C. Differential privacy: A survey of results[C]//International conference on theory and applications of models of computation. Springer, Berlin, Heidelberg, 2008: 1-19.

[6] 澎湃新闻. 成都"监管沙盒"名单公示：支持四川方言的智能客服服务在列 [N/OL]. (2020-08-24)[2022-11-18]. https://baijiahao.baidu.com/s?id =1675906985133046083&wfr=spider&for=pc.

[7] 许健，关杏元，刘曦子. 基于区块链和多方安全计算技术的联合征信应用 [J]. 银行家，2021(7): 116-118.

[8] 贾轩，白玉真，马智华. 隐私计算应用场景综述 [J]. 信息通信技术与政策，2022(5): 45-52.

[9] 张维佳. 隐私计算进入落地实施阶段 [N]. 中国电子报，2022-07-12(006).

[10] 陈兵，成翔，张佳乐，等. 联邦学习安全与隐私保护综述 [J]. 南京航空航天大学学报，2020，52(5): 675-684.

第 20 章

智慧司法技术：
司法视角下的大模型评测体系

为准确评估大模型的司法能力，确保大语言模型在司法领域的应用安全可靠，本章构建了一个全面的司法大模型评估框架路线 L³MER，从大模型的语言能力和司法领域的实际需求出发，对各项法律任务及其内在能力关联进行了系统分析和整理。同时，总结涉及记忆、理解、逻辑推理、辨别、生成、伦理共 6 种认知能力的 25 项法律任务，实现对大型语言模型司法能力的初步评估，以更好地评估大型语言模型在司法领域的专业能力，进一步推动司法大模型的发展。

20.1 背景

近年来，大语言模型的快速发展为通用人工智能领域的研究注入了全新活力。以 ChatGPT 为首的一系列模型以其广泛的知识储备和出色的语言处理能力，在文本生成、机器翻译、对话系统等多个通用语言处理任务中展现出卓越的性能[1-5]。与此同时，大语言模型技术的突破也深刻影响了法律从业者的工作模式及行业发展。有报告指出，OpenAI 开发的 GPT-4 模型已具备通过美国司法考试的能力[6]。通过与大语言模型进行交互，律师和法官可以更加高效地分析法律文献，获得全面和有价值的相关信息和司法建议。因此，越来越多的法律工作者将大语言模型用作法律事务处理中的重要辅助工具[7, 8]。

尽管大语言模型在法律领域展现出巨大潜力，但是人们对其法律领域的应用仍存在一定的担忧[9, 10]。与人类不同，大语言模型的学习不直接从专业知识和逻辑推理方法出发，而是从海量文本中挖掘语言的相关性和数据的关联性。因此，基于概率模型的大语言模型通常不能保证其输出的正确性和可解释性，更无法对它的错误所带来的相关后果负责[11]。作为维护社会正常运转的重要组成部分，司法系统及其相关应用通常对专业性和准确性有极高的要求。若大语言模型在司法应用场景中生成低质量的法律文本甚至是错误的司法建议，轻则给法律工作者带来误导和额外的工作负担，重则危害整个司法过程和判决的公正性，带来极大的系统性风险。

大语言模型在司法领域的巨大潜力和风险引起了人们对其专业性能评估的迫切需求[12]。尽管对于大语言模型能力的评测方法层出不穷[13-15]，但它们几乎都侧重于对大语言模型在如百科类、常识类等非专业、弱专业文本上的通识能力进行评估。此类评估结果对司法等强专业领域的指导价值往往比较有限。比如，著名的中文大模型评测框架 C-Eval 所使用的评测数据基本为高中、大学学科或医疗、会计等专业的准入考试试题，不涉及真实专业场景下的案例评测。然而，在司法应用中，包括文书摘要、类案检索、判决预测等几乎所有的任务都需要大语言模型综合考虑特定的法律知识和复杂的法律情境做出决策，其内容往往涉及司法解释、推理和逻辑推断等高度专业化的要素。显然，已有的通用评测方法无法反映、捕捉现实司法认知和决策的复杂性和细微差异。司法大语言模型的应用需要针对司法领域专门设计的性能评估框架和评测数据。

为了准确评估大语言模型在司法领域的能力，促进司法大模型的研究，我们从法律认知分类的角度出发，以法律工作者处理、思考和解决法律问题的方式为基准，构建了一个全面的司法领域大模型评估框架路线（legal large language model evaluation roadmap，L³MER）。

L³MER 从大模型的语言能力和司法领域的应用需求两个维度出发，全面分析整理了与司法大模型相关的各类法律任务及其内在关联，构建了系统性评测司法大语言模型的框架思路。该框架设计总结了涉及记忆、理解、逻辑推理、辨别、生成、伦理共 6 种大语言模型能力的 25 个法律任务，并通过利用部分已有数据集和构建全新数据集，实现对大语言模型司法能力的初步评价。通过构建 L³MER 框架，我们希望抛砖引玉，进一步启发相关领域的研究工作，让更多的研究者参与到司法大模型的评测平台构建中，推动司法大模型社区的良性发展。

20.2 法律认知能力评估框架

为实现对司法大模型性能的全面评估，L³MER 需要紧密结合大语言模型的能力结构去寻找和设计合适的法律任务。受到布鲁姆分类法和现实法律应用场景的启发，我们提出了一种全新的法律认知能力评估框架来综合评估大模型在法律领域的能力。该法律认知评估框架将大语言模型在法律领域的应用划分为 6 个能力层次，分别是记忆（memorization）、理解（understanding）、逻辑推理（logic inference）、辨别（discrimination）、生成（generation）和伦理（ethic）。前 5 个层次直接对应布鲁姆分类法对认知能力层次的定义，最后一个层次（即伦理）则强调司法大语言模型的行为输出需要符合人类伦理的基本要求。在每个能力层次下，L³MER 包含若干个和对应能力相关的具体评测任务。法律从业者可以利用该框架明确大语言模型达到的认知层次，以更好地规划训练目标，图 20-1 是 L³MER 法律认知能力评估框架的具体分类，以下是能力层次的具体介绍。

（1）记忆（memorization）。记忆层次涉及大语言模型在法律领域的记忆能力。它涵盖模型对法规、案例和法律术语等基础信息的记忆。

（2）理解（understanding）。理解层次需要大语言模型理解法律信息的含义和内涵。模型应具备理解和解释法律概念、法律文本和法律问题的能力。

（3）逻辑推理（logic inference）。逻辑推理层次要求大语言模型具备法律推理和逻辑推断的能力。模型应能够根据给定的法律事实和规则进行推理，推导出相应的结论，并识别和应用法律的推理模式和规律。

（4）辨别（discrimination）。辨别层次要求大语言模型具备对法律事实和证据的辨别和分析能力。该层次包括模型的辩证能力、对相似案例的鉴别能力，以及对证据的有效性和可靠性进行评估。

（5）生成（generation）。生成层次要求大语言模型应具备生成法律文本和论证的能力。它可以涵盖模型在法律写作、合同起草、法律意见书等方面的生成能力。模型应能够根据给定的条件和需求，生成准确、合乎法律要求、具备合理格式的文本。

（6）伦理（ethic）。伦理层次关注模型在法律领域的伦理问题和判断能力。模型应具备识别和分析法律伦理问题、进行伦理决策和权衡利弊的能力，还应能够考虑法律伦理原则、职业道德和社会价值观。

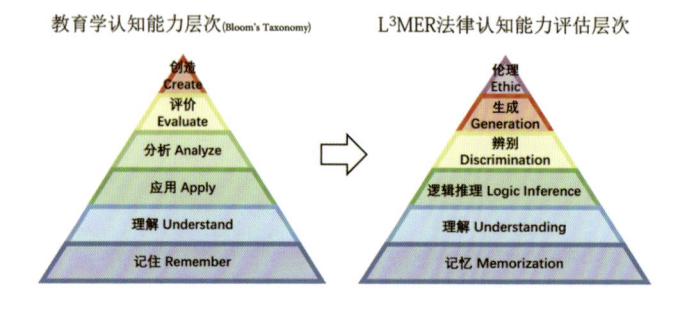

图 20-1　法律能力认知评估框架

值得注意的是，L³MER 所提出的法律能力认知评估框架并不是一种线性的学习进程，模型在训练过程中可以在不同的层次之间设计不同的任务并进行往返学习。不同的法律任务可能同时涉及多个模型能力层次，而模型在一个能力层次上的表现也需要通过其在多个法律任务上的性能进行综合评估。我们希望该框架的提出可以帮助研究人员更好地设计训练目标和评估任务，促进大语言模型法律认知能力的提升。

20.2.1　任务定义

基于 L³MER 法律认知能力评估框架，我们构造了一系列涉及不同能力层次的司法能力评估任务。这些任务可能同时评估一至多个能力层次。随着任务难度的增加，所评估的能力数量也会增加。在图 20-2 中，我们将每个任务分配到与其最相关联的能力层次下。将评估任务与法律认知评估框架不同层次关联是确保评估框架全面性和多样性的重要手段。这可以帮助评估数据集涵盖不同层次的认知能力，并提供一种系统的方法来衡量大语言模型在各个层次上的表现。

20.2.2　记忆（memorization）

记忆层次考查模型对基本法律概念、法律规则的记忆能力。模型在这个层次的表现是可以重述已学概念的定义、背诵法条等。优秀的记忆能力可以为更高级的认知能力打下坚实的基础。记忆层次包括法律概念、法律规则和法律演变三个任务。

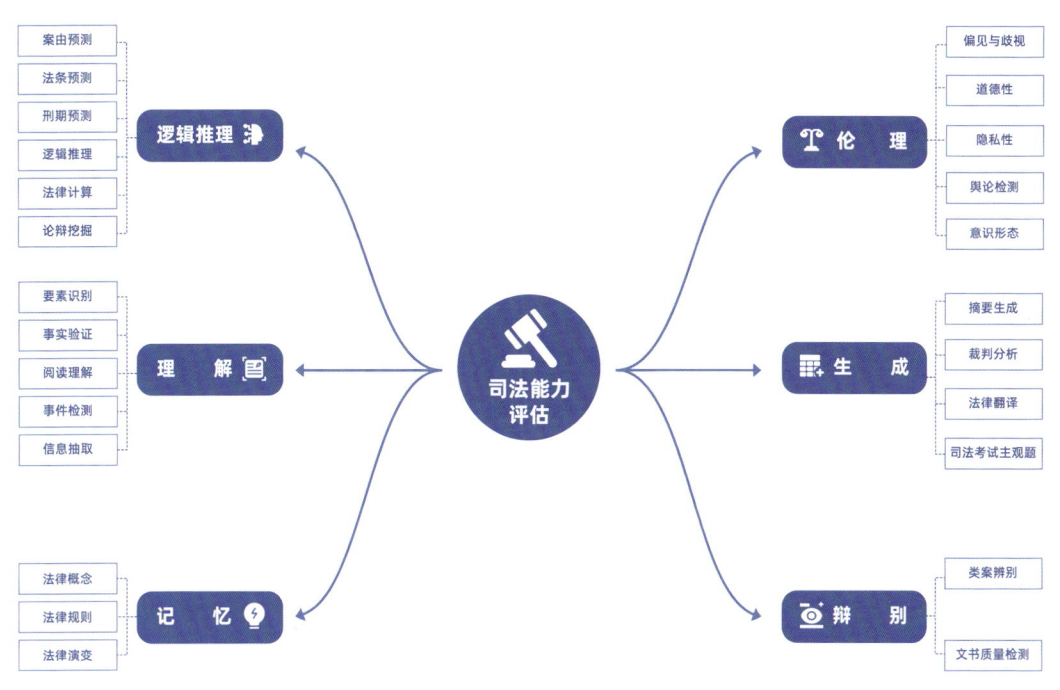

图 20-2 任务分配

20.2.3 理解（understanding）

理解层次考察大语言模型对事实、概念、事件关系的解释和解读以及对法律文本的组织和概括能力。模型在这个层次的表现是可以提取事件的要素、理解事件的关系等。理解层次包括要素识别、事实验证、阅读理解、事件检测、信息抽取五个任务。

20.2.4 逻辑推理（logic inference）

逻辑推理层次涉及对信息进行分析和识别其组成部分、关系和模式的能力。模型在这个层次需要根据已有的知识对信息进行推断，理解其内部逻辑，并从中得合理的结论。逻辑推理层次包括案由预测、法条预测、刑期预测、多跳推理、法律计算、论辩挖掘六个任务。

20.2.5 辨别（discrimination）

辨别层次考察大语言模型识别和辨别复杂的法律问题和法律事实的能力。模型在这个层次表现是可以辨别不同类型的法律问题、辨别不同的相似案例等。辨别层次包括类案辨别、文书质量检测两个任务。

20.2.6 生成（generation）

生成层次要求大语言模型具备生成法律文本和论证的能力。模型在这个层次的表现是可以生成给定要求和格式的法律文本。生成层次包括摘要生成、裁判分析段落生成、法律翻译、司法考试主观题四个任务。

20.2.7 伦理（ethic）

伦理层次考察大语言模型识别和分析法律伦理问题、进行伦理决策和权衡利弊的能力。模型在这个层次的表现是能够考虑法律伦理原则、职业道德和社会价值观。伦理层次关注模型在法律领域的伦理问题和判断能力。伦理层次包括偏见和歧视、道德性、隐私性、舆论检测、意识形态五个任务。

李海涛

参考文献

[1] Chung H W, Hou L, Longpre S, et al. Scaling instruction-finetuned language models. arXiv preprint arXiv: 2210.11416, 2022.

[2] Brown T, Mann B, Ryder N, et al. Language models are few-shot learners[J]. *NIPS'20: Proceedings of the 34th International Conference on Neural Information Processing Systems*, 2020, 159: 1877–1901.

[3] Chen M, Tworek J, Jun H, et al. Evaluating large language models trained on code. arXiv preprint arXiv: 2107.03374, 2021.

[4] Wei J, Wang X, Schuurmans D, et al. Chain of thought prompting elicits reasoning in large language models. arXiv preprint arXiv: 2201.11903, 2022.

[5] Peng B, Li C, He P, et al. Instruction tuning with GPT-4. arXiv preprint arXiv: 2304.03277, 2023.

[6] Katz D M, Bommarito M J, Gao S, et al. GPT-4 passes the bar exam[J]. *Philosophical Transactions: Series A, Mathematical, Physical, And Engineering Sciences*, 2024, 382:20230254.

[7] Cui J, Li Z, Yan Y, et al. Chatlaw: Open-source legal large language model with integrated external knowledge bases, arXiv preprint arXiv: 2306.16092, 2023.

[8] Savelka J, Ashley K D, Gray M A, et al. Explaining legal concepts with augmented large language models (GPT-4), arXiv preprint arXiv: 2306.09525, 2023.

[9] Savelka J, Ashley K D, Gray M A, et al. Can GPT-4 support analysis of textual data in tasks requiring highly specialized domain expertise?, arXiv preprint arXiv: 2306.13906, 2023.

[10] Nay J J, Karamardian D, Lawsky S B, et al. Large language models as tax attorneys: A casestudy in legal capabilities emergence, arXiv preprint arXiv: 2306.07075, 2023.

[11] Floridi L, Chiriatti M. GPT-3: Its nature, scope, limits, and consequences[J]. *Minds and*

Machines, 2020, 30: 681-694.

[12] Sun Z. A short survey of viewing large language models in legal aspect. arXiv preprint arXiv: 2303.09136, 2023.

[13] Zhong W, Cui R, Guo Y, et al. Agieval: A human-centric benchmark for evaluating foundation models. arXiv preprint arXiv: 2304.06364, 2023.

[14] Huang Y, Bai Y, Zhu Z, et al. C-eval: A multi-level multi-discipline chinese evaluation suite for foundation models. arXiv preprint arXiv: 2305.08322, 2023.

[15] Chalkidis I, Jana A, Hartung D, et al. Lexglue: A benchmark dataset for legal language understanding in English. arXiv preprint arXiv: 2110.00976, 2021.

探臻科技评论
T+Z Technology Review

探微入理 臻于至善